Wolfgang Neigenfind

Familienpuzzle

WOLFGANG NEIGENFIND

FAMILIEN PUZZLE

Beziehungslust statt Erziehungsfrust –
Impulse für Eltern auf der
Suche nach mehr Glück,
Liebe und Familienfrieden

GOLDEGG VERLAG

Umschlaggestaltung: Alexandra Schepelmann/donaugrafik.at
Coverfoto: Lucky Business/Shutterstock
Rechte Autorenfoto Umschlag: Richarda Kunzl

Der Verlag und seine Autorinnen sind für Reaktionen, Hinweise oder Meinungen dankbar. Bitte wenden Sie sich diesbezüglich an verlag@goldegg-verlag.com.

Der Goldegg Verlag achtet bei seinen Büchern und Magazinen auf nachhaltiges Produzieren. Goldegg Bücher sind umweltfreundlich produziert und orientieren sich in Materialien, Herstellungsorten, Arbeitsbedingungen und Produktionsformen an den Bedürfnissen von Gesellschaft und Umwelt.

ISBN: 978-3-99060-250-8

Unter den Linden 21 • D-10117 Berlin
Telefon: +49 800 505 43 76-0

Goldegg Verlag GmbH, Österreich
Mommsengasse 4/2 • A-1040 Wien
Telefon: +43 1 505 43 76-0

E-Mail: office@goldegg-verlag.com
www.goldegg-verlag.com

Layout, Satz und Herstellung: Goldegg Verlag GmbH, Wien
Printed in the EU

Für meine beiden wunderbaren Familien,
die mir jeden Tag vor Augen führen,
welch Geschenk sie sind.

Inhaltsverzeichnis

Vorwort

Als ich letztens als Vorbereitung für einen Vortrag eine Freundin fragte, wie man ihr als Mutter mit gutem Rat unter die Arme greifen könnte, antwortete sie kurzerhand mit dem Wunsch nach einer Gebrauchsanweisung für ihr Kind. Natürlich war das nicht ernst gemeint. Trotzdem offenbarte ihre spontane Äußerung eine Sehnsucht, die alle Eltern nur allzu gut kennen: es richtig machen zu wollen.

Dieser liebevolle Wunsch hat sich in den letzten Jahrzehnten leider zunehmend zu einer Belastung entwickelt. Viele Eltern merken nämlich, dass sie verunsichert sind, was denn nun das Beste für ihr Kind ist. Im Spagat zwischen dem Druck, Wohlstand für die eigene Familie aufzubauen und dem Bedürfnis, mehr Zeit für die eigenen Kinder zu haben, fühlen sich viele Eltern zunehmend gestresst. Auf diese Weise rückt das Ziel einer Familienidylle oft in weite Ferne.

Dieses Buch soll dabei helfen, dir und deiner Familie zu zeigen, dass ihr stark genug seid, auch das moderne Familienleben samt Herausforderungen wie Berufsleben, Trennung und Patchwork positiv zu bewältigen. Denn Erschütterungen erlebt jede Familie. Ich habe es selbst erlebt, als sich meine Frau von mir trennte. Ich habe aber auch gesehen, dass es möglich ist, sich neu zu erfinden und immer wieder von vorne zu beginnen. Das hat mich nicht nur als Vater und Partner gestärkt, sondern auch als Lehrer, wo ich auch immer wieder mit Familienschicksalen konfrontiert bin.

Ich beschäftige mich mittlerweile seit fast 30 Jahren mit dem Thema Erziehung und Familie. Zuerst im Zuge meines Studiums für Pädagogik und Psychologie, dann gut 20 Jahre lang in der pädagogischen Ausbildung für angehende Kindergartenpädagoginnen. Was ich in all der Zeit als Konstante erlebt habe, sind zwei Dinge: Eltern sein und Familie sind eine immerwährende Herausforderung – egal, wie man an die Sache rangeht. Gleichzeitig gibt es bewährte Wege, dieses Puzzle zu lösen. Nur sind sie teilweise in Vergessenheit geraten oder noch nicht bekannt genug. Aber das will ich mit diesem Buch für dich ändern.

Warum es um Wachstum und nicht um Harmonie geht

Ich weiß nicht, wie es dir gegangen ist, aber in den ersten Urlauben mit Kleinkindern gab es für mich viel zu lernen. Nehmen wir zum Beispiel die klassische Szene am Abend im Restaurant. Alle taten so, als wären sie wahnsinnig entspannt. Sobald aber eines der Kinder anfing, laut zu werden und dann noch lauter, sah man nicht nur die betroffenen Eltern ihr gesamtes Repertoire an Ablenkungen auspacken, während sie versuchten, im Boden zu versinken. Viel interessanter war die erleichterte Reaktion der anderen Eltern ob der Tatsache, dass sie verschont geblieben waren. Es war ein bisschen wie die Reise nach Jerusalem für Eltern. Auch ich sehe mich noch als Verlierer fluchtartig den Raum verlassen, samt meiner kleinen Heulboje auf dem Arm.

Heute weiß ich, dass du dich in so einer Situation ruhig entspannen kannst. *Jede, wirklich jede Familie hat Katastrophenpotenzial.* Gleichzeitig sind wir alle Familienmenschen. Denn kaum sind wir unserer Herkunftsfamilie entwachsen, arbeiten die meisten von uns daran, ihre eigene zu gründen, selbstverständlich beseelt davon, alles anders zu machen als die eigenen Eltern. Vielleicht gibt es deswegen keine schlimmere Beleidigung, die man seinem Gegenüber an den Kopf werfen kann, als: »Du bist schon wie deine Mutter!«, oder: »Du erinnerst mich immer mehr an deinen Vater!« Und ich spreche nicht nur von den »offiziellen« Katastrophenfamilien, die im Reality-TV-Format für Furore sorgen. Nein. Selbst in den Familien, deren Mitglieder sich nicht nur regelmäßig treffen, sondern dies obendrein auch noch gern tun, sind die eingangs erwähnten Sätze alles andere als gern gehört.

Warum eigentlich? Ist nicht die intakte Familie etwas, von dem die meisten träumen? Jaja, ich weiß, ich habe tatsächlich das Wort »intakt« benutzt. Das provoziert natürlich die nächste Frage: Gibt es überhaupt so etwas wie intakte Familien?

Ich gebe dir ein Beispiel aus meiner Familie. Meine Eltern haben sich sehr jung kennen- und lieben gelernt und waren letztendlich fast 50 Jahre verheiratet, bis mein Vater gestorben ist. Aus ihrer Ehe stammen drei gemeinsame Kinder, deren jüngstes ich bin. Meine Geschwister geben mir sicher Recht, wenn ich behaupte, dass wir eine wunderschöne Kindheit hatten und behütet aufgewachsen sind, auch wenn meine Eltern nicht gerade aus reichen Verhältnissen stammen. Da gibt es natürlich viele wunderschöne Erinnerungen. Daneben tauchen aber Bilder von mir auf, in denen ich hauptsächlich Wutanfälle habe oder heule oder beides gleichzeitig. Manchmal sogar bewaffnet mit Wurfgeschossen, wie einem Ziegelstein, der meine Geschwister, die ich jagte, treffen sollte. Oder Gedanken an meinen Vater und meine Schwester, die sich so oft und so lange stritten, bis meine Schwester schließlich noch als

Teenager auszog. Auch meine streitenden Eltern dürfen nicht fehlen. Das Wort »Scheidung« fiel dabei auch immer wieder und das nicht gerade leise. Ich sehe meine Mutter, wie sie aus dem Haus stürmte, um eine Runde zu gehen, die sie wieder beruhigen sollte. Das ist nur ein kleiner Auszug an Turbulenzen, die uns regelmäßig heimsuchten.

Versteh mich nicht falsch: Meine Familie war und ist wunderbar. Bis heute finde ich Halt und Liebe bei meiner Mutter und meinen Geschwistern. Trotzdem: Würde man meine Erfahrungen nehmen und sie einem jungen Paar als das servieren, was ihre Vorstellung von Familie sein sollte, würden wahrscheinlich die meisten von ihnen ablehnend bis entrüstet reagieren und beteuern, dass sie das sicherlich anders und unbedingt besser machen werden. Dabei wünsche ich allen Menschen, dass sie so eine Familie erleben dürfen wie meine.

Anders gesagt: Sind unsere gesellschaftlichen Vorstellungen von Familie einfach unrealistisch? Ich fürchte ja! Denn erstens: Die Erwartung, alles richtig machen zu können, um ein harmonisches Familienglück zu erleben, ist unmöglich zu erfüllen. Außerdem sind solche Vorstellungen ein Turbo für all die Ängste, denen wir ohnehin alle ausgesetzt sind. Und das ist nicht gerade hilfreich. Wie viele Mütter kennst du zum Beispiel, die nicht bereits vor der Geburt ihres Kindes von Schuldgefühlen ihrem Ungeborenen gegenüber verfolgt werden, weil sie schon pränatal eine »unzureichende Mutter« abgeben? Und das, obwohl ihnen ohnehin pausenlos gesagt wird, dass sie sich nicht stressen sollen, da das nicht gut ist für das Kind. Den zukünftigen Vätern geht es auch nicht besser. Schließlich muss man(n) seinen Lieben mindestens ein Haus mit Garten bieten können. Selbst wenn es mittlerweile die meisten Frauen mit Milde sehen, wenn er das Haus nicht mit eigenen Händen aufstellt und das Pony unter dem Apfelbaum nicht sein muss, bietet das Szenario genügend Möglichkeiten für einen gehörigen Rucksack an existenziellen Ängsten. Dabei ist das Kind noch gar nicht auf der Welt! Wir stehen gerade erst an der Startlinie und die Verantwortlichen haben bereits die Hosen voll. Ich würde dir jetzt gerne sagen, dass ich maßlos übertrieben habe. Tja, vielleicht variieren die Angstauslöser, aber unterm Strich starten die meisten zukünftigen Eltern nicht gerade befreit und sorglos ins Abenteuer »Familie«.

Aber wieso kommt es überhaupt zu so einer enormen Diskrepanz zwischen unseren Erwartungen und unseren Erfahrungen? Können wir Hollywood und andere mediale Traumfabriken verantwortlich machen? Sagen wir, sie sind nicht gerade realitätsfördernd, aber das widerspricht ja teilweise auch ihrem Zweck. Den Hauptanteil an unserem verklärten Blick auf das häusliche Zusammenleben tragen sicherlich gerade diejenigen, die es besser wissen sollten und dann noch am meisten an diesem Zustand leiden: die Familien selbst. Sie sind es nämlich, die zu wenig über das Leben reden oder gar nicht; so wurden in meiner Familie zum Beispiel gewisse Dinge lieber nicht angesprochen. Dann gibt es noch jene Eltern, die ihre Kinder nicht im Stich lassen wollen und ihnen deswegen mit Rat und Tat zur Seite stehen, wenn es darum geht, das Glück zu finden. Unglücklicherweise verhalten sie sich dann wie eine Mischung aus Hollywoodromanze und Ratgeberkolumne. Sie verhelfen den Kindern noch zum großen Glück, mit dem Endziel, eine möglichst gesicherte und gute Partie zu machen. Wenn diese Kriterien erfüllt sind, ist für die meisten alles erledigt. Schließlich wird an der Illusion festgehalten, dass, wenn du alles richtig machst, alles gut wird und bleibt. Dass das Leben in Zyklen verläuft und Krisen so sicher auftreten wie die nächste kaputte Waschmaschine, wird gerne ignoriert. Ob das aus Unwissenheit oder Verdrängung heraus passiert, ist dann schon egal.

Es ist ja verständlich. Wir wollen das Leben in seiner vollen Gesamtheit ausblenden. Denn die meisten von uns empfinden die Tatsache, dass nach jeder Sonnenphase erneut eine Erschütterung in Form einer Krise auftreten wird, als nicht gerade wünschenswert oder beruhigend. Darum ist es besser, uns und unseren Kindern vorzugaukeln, dass Krisen vermeidbar sind. Und die Heerschar an Ratgeberbüchern füttert uns mit jeder Menge an Ideen, wie wir ins magische Reich der Einhörner fliegen können, wo es keine Krisen mehr gibt. Wir müssen uns eben nur richtig ernähren oder die korrekte Mondphase abwarten.

Außerdem gibt es noch die Pessimisten (sie bezeichnen sich selbst gern als Realisten), Neurotikerinnen und andere Schwarzmaler, die auf Krisen abonniert sind. Das heißt, sie sind im chronischen Krisenmodus. Diese Menschen akzeptieren zwar die Existenz von Krisen, negieren aber wiederum die guten und unbeschwerten Phasen des Lebens und wittern überall eine tödliche Gefahr.

Und in einem Punkt haben sie ja recht: Es wird tödlich enden. Und zwar für uns alle. Wir alle müssen sterben. Wenn du dir jetzt denkst: »Sehr witzig, der Neigenfind«, dann kann ich dir nur sagen, dass du recht hast, aber ich genauso wie du. Natürlich wissen wir alle, dass wir sterben werden, aber viele von uns tun gerne so, als wäre der Tod vermeidbar. So wie wir am liebsten die Krisen leugnen, verdrängen wir auch bevorzugt das unvermeidliche Ende.

Das Leben wird nicht angenommen, wie es ist. Dass erst durch Krisen unsere Beziehungen zu unseren Partnern und Kindern reifen und wachsen können, so wie jeder Mensch erst durch Erschütterungen in seinem Leben wachsen kann, wird geleugnet. Wie sagt Tony Robbins so schön im Film »I Am Not Your Guru« zu einer Seminarteilnehmerin, die mit ihrer Mutter hadert: »Es ist Familie, meine Liebe, da geht es um Wachstum, nicht um Harmonie.« Nimm nur meine Situation her. Erst durch die Erschütterung meiner Trennung habe ich mich noch mehr damit auseinandergesetzt, wie ich als Vater so authentisch sein kann, dass es uns allen besser geht. Ich bin nicht mehr gezwungen, Kompromisse einzugehen. Dadurch erleben mich meine Kinder, wie ich wirklich bin, und wir führen eine viel unbeschwertere und innigere Beziehung.

Magisches Denken ist eben nur ein Merkmal der kindlichen Wirklichkeitsauffassung. Das Problem der Erwachsenen sind nicht der Osterhase und sein Kumpel, der Weihnachtsmann, sondern unsere regressive Sehnsucht nach einer krisenfreien Welt. Wir wollen das Leben mit all seinen Facetten nicht annehmen. Deshalb wollen und können wir auch unsere Kinder nicht realistisch auf das Leben vorbereiten. Und warum das Ganze? Weil wir Angst vor dem Leben haben. Die schlechte Nachricht ist nur, dass durch die Verleugnung von Krisen unsere Angst noch größer wird.

Doch es gibt auch gute Neuigkeiten für uns alle: Es geht nämlich sehr wohl anders. Sowohl du als auch deine Lieben haben alles, was es braucht, Familie als das Geschenk und die Bereicherung zu erleben, die sie tatsächlich ist. Dir dafür die Augen zu öffnen war auch meine Hauptmotivation, dieses Buch zu schreiben. Aber später mehr davon.

1

Eltern sind auch nur Menschen – Familie im Hamsterrad

Die Frauen in der Familie meiner Mutter haben alle sehr früh ihr erstes Kind geboren. Das führte dazu, dass mein ältester Neffe noch einige Jahre lang seine Ururgroßmutter besuchen konnte. Auch meine Mutter hatte bereits mit 22 Jahren drei Kinder. Erst vor ein paar Tagen hat sie mir erzählt, dass sie völlig unvorbereitet ins kalte Wasser gesprungen ist. Das Ganze ist natürlich schon ein paar Jahrzehnte her, trotzdem frage ich mich, ob sich an unserer Herangehensweise in Sachen Elternsein wirklich etwas Grundsätzliches geändert hat.

Es gibt zwar viele engagierte Eltern, die einige Bücher lesen über Schwangerschaft, Geburt und das Kleinkindalter. Das ist wirklich lobenswert. Ich war nicht anders. Gerade deswegen weiß ich aber auch, dass der Großteil dieser Ratgeber sich eher auf konkrete, praktische Probleme beschränkt, so in Richtung: »Was tue ich, wenn …« Was aber nicht stattfindet, vor allem nicht in der breiten Gesellschaft, ist ein Austausch und Diskurs darüber, welche Haltung wir unseren Kindern gegenüber einnehmen, welche Werte hilfreich sind, was sich bewährt, und noch viel wichtiger: was nicht funktioniert.

Wenn man bedenkt, dass der Großteil der Menschen in ihrem Leben mit der Elternrolle konfrontiert werden wird, ist es umso erstaunlicher, dass das Thema »Erziehung« nur angehenden Pädagoginnen zugutekommt. Wir führen weder in den Schulen noch zu Hause jene Gespräche und Diskussionen, die so dringend notwendig wären. Das führt dazu, dass marktwirtschaftliche Prinzipien, die in allen Lebensbereichen Einzug gehalten haben, oft kritiklos übernommen werden. Das vor allem auch deshalb, weil wir gar nicht entkommen können.

In einer Zeit, in der die Politik längst ihr Primat an die Wirtschaft abgegeben hat und auch in den Schulen immer mehr Standardisierungs- und Evaluierungsmethoden Einzug halten, können wir auch in unserem Familienleben nicht anders, als marktwirtschaftlich zu denken. Das ist so wesentlich, weil viele der Werte und Grundsätze, über die eben nicht gesprochen wird, mittlerweile aus der Wirtschaft stammen. Wir sind nur bereits so daran gewöhnt, dass es uns gar nicht mehr bewusst ist.

Als ich vor Kurzem einer Kollegin am PC gegenübersaß, sagte sie: »Ich möchte nicht mehr funktionieren. Ich möchte irgendetwas anderes machen.« Auch wenn sie nicht wusste, was sie eigentlich wollte, war ihr klar, dass sie sich gefangen fühlte. Jeder Erwachsene in der

Berufswelt kennt dieses Bild. Wir müssen unseren Aufgaben nachkommen, damit wir genug Geld verdienen, um unser Leben bestreiten zu können. Wenn du eine Familie gründen möchtest, brauchst du ja auch schließlich eine Wohnung, die genug Platz bietet, vielleicht sogar ein Haus mit Garten. Um mit deiner Familie mobil zu sein, brauchst du auch noch ein Auto, das geräumig genug ist, um Kind und Kegel unterzubringen.

Auf diese Weise beginnt sich das Hamsterrad für alle Familien zu drehen. Denn die Anschaffungen und Kosten werden in den nächsten 20 Jahren mit ziemlicher Sicherheit noch steigen. Deswegen reden viele Menschen, wenn sie über Familiengründung sprechen, davon, ob sie sich Kinder oder eine Familie überhaupt leisten können; ganz so, als würden sie auch das Kind kaufen.

Um die steigenden Kosten wiederum zu finanzieren, werden es viele Eltern irgendwann für notwendig erachten, noch mehr zu verdienen. Das bedeutet, dass vielleicht Teilzeit nicht als leistbar gesehen wird oder auch beide Elternteile sehr rasch zur vollen Arbeitszeit zurückkehren. Der existenzielle Druck schlägt sich als Gefühl nieder, funktionieren zu müssen. Dieses den Alltag bestimmende Empfinden und den daraus resultierenden Stress geben Eltern oft direkt an ihre Kinder weiter. Denn so, wie sie funktionieren müssen, verlangen sie dasselbe auch von ihren Kindern.

Dies endet meist in einer Eskalation, was durchaus verständlich ist. Verwandelt sich doch das Hamsterrad des »Funktionieren-Müssens« allzu oft in einen Teufelskreis, der zu weniger Kommunikation, Beziehung und zu mehr Spannung und Konflikten führt.

Ein weiterer verschärfender Faktor ist die Art und Weise, wie die meisten Eltern auf den angespannten Alltag reagieren. Viele Erwachsene versuchen, noch mehr Kontrolle an sich zu reißen, um sozusagen der Lage »Herr« zu werden. Dies führt zu der Reaktion, die nur allzu logisch ist: Die Kinder wehren sich und erzeugen wiederum Gegendruck.

Was alle Beteiligten oft gar nicht bemerken, ist die Tatsache, dass es eigentlich allen gleich geht: Sie geben ihr Bestes und haben gleichzeitig das Gefühl, dass das von den anderen nicht genügend wertgeschätzt wird. Außerdem fühlen sich alle Familienmitglieder in ihren Bedürfnissen zu wenig gesehen. Und so ziehen sie sich schrittweise in den Schmollwinkel zurück, um auf positive Signale von Seiten der anderen Familienmitglieder zu warten. Leider tun das meistens alle, was wiederum nicht hilfreich ist. So leidet die Beziehung der Eltern zueinander und auch die Eltern-Kind-Beziehung.

Treffen einander dann die leidgeprüften Eltern in jenen Kreisen, in denen sie auf Gleichgesinnte stoßen, finden sie dort endlich die Bestätigung, auf die sie die ganze Zeit gewartet haben. Der Austausch und das Verständnis sind ja durchwegs positiv, leider werden aber dabei auch jene Stereotypen bestätigt, die verhindern, dass die Familienmitglieder wieder aufeinander zugehen. Wenn zum Beispiel ein Vater in seinem Fußballclub über zu wenig Verständnis von Seiten seiner Frau klagt, werden ihn seine männlichen Freunde eher bestärken. Umgekehrt wird eine Mutter in ihrer Frauenrunde ebenso in ihrer Position bestätigt werden, die den Schwarzen Peter eher ihrem Partner zuschiebt. Auf diese Weise werden sich zwar alle in ihrer Rolle gefestigt sehen, was aber meistens zu Lasten der elterlichen Beziehung geht.

Was dabei schleichend auftritt, ist ein Phänomen, das in Ländern wie Österreich oder Deutschland in den letzten Jahrzehnten beobachtet wurde. Die meisten Paare sind in ihrem Rollenbewusstsein und in der Aufteilung des Haushaltes sehr aufgeschlossen und gleichberechtigt. Sobald aber Kinder in die Familie kommen, rutschen viele Familien in eher konservative Verhältnisse, sowohl was die Erwerbstätigkeit als auch die Haushaltspflichten angeht. Dieser Verhaltenstrend resultiert eher aus einer existenziellen Sorge als reiflicher Überlegung. Aber aufgrund der Tatsache, dass Väter mehr verdienen als Mütter, bleiben diese dementsprechend länger zu Hause bei den Kindern.

Doch selbst wenn beide Eltern wieder arbeiten gehen, ist das zwar gut für das Familienbudget, aber nicht unbedingt für das Familienleben. So verbringen die Kinder zuweilen mehr ihrer wachen Zeit unter der Woche mit Pädagoginnen als mit ihrer Familie. Dasselbe gilt für Vollzeit arbeitende Erwachsene, die ihre Kollegen mehr zu Gesicht bekommen als ihre Kinder.

Dabei würden sich alle Familienmitglieder mehr Zeit füreinander wünschen. Die wirtschaftliche Realität spricht aber oft eine ganz andere Sprache. So sind eher Überstunden ein Thema als Reduktion der Arbeitszeit. Stress und Erschöpfung wiederum tragen eher zu Spannungen und Kommunikationsproblemen bei. Kein Wunder also, wenn schon die Situation am Morgen für viele Familien sehr angespannt abläuft und ein bewusstes Miteinander oft auf der Strecke bleibt. In so einer Atmosphäre ist erst recht kein Raum und keine Zeit für Grundsatzdiskussionen darüber, wie sich alle Familienmitglieder ein Miteinander vorstellen.

In der Zwischenzeit retten sich die meisten irgendwie durch die Woche. Es ist auch nicht anzunehmen, dass viele Elternpaare am Abend über ihr Dasein und ihr Familienleben reflektieren. Dabei wäre das so wichtig. Könnte dies doch den Start einer bewussten Veränderung hin zu mehr Lebensqualität markieren. Stattdessen greifen viele Paare auf Methoden und Grundsätze zurück, die sie irgendwie halbbewusst von ihren Eltern mitbekommen haben, ohne sie auf ihre Tauglichkeit für sich selbst zu überprüfen. Unglücklicherweise halten sich auf diese Weise unzählige Glaubenssätze und Legenden über Erziehung und Familie, die oft mehr Schaden anrichten, als für alle Nutzen bringen zu können.

2

Mythen und Legenden übers Elternsein

Wer vorhat, eine Familie zu gründen, setzt sich mit dieser gedanklich auseinander und entwickelt so seine Vorstellungen. Was man sicher tun wird. Und was sicher nicht. Und was auf keinen Fall. Musst du schon schmunzeln? Wenn du Kinder hast, sicher ja. Wenn nicht, dann lies dies aufmerksam; auch wenn mir klar ist, dass es umsonst ist. Denn wir hören nicht auf Dinge, die wir uns nicht vorstellen können. Das ist so wie mit der ersten Schwangerschaft. Alle sagen dir: »Genießt eure Zeit zu zweit, die werdet ihr nie wieder haben.« Doch das interessiert Jungeltern nicht. Die haben schon so lange auf das erste Kind gewartet. Die wünschen sich keine Zweisamkeit. Sie wollen endlich zu dritt sein. Und so belächeln sie all diese Ratschläge. Ist ja verständlich. Jahre später verstehen sie die Worte sehr gut. Nur dann, tja ... Bis dahin glauben alle Eltern, dass sie sowieso vieles besser wissen als die anderen.

Mein Gott, ich war auch so ein richtiger Klugscheißer. Noch dazu, wo ich Pädagogik und Psychologie studiert habe. Da war das ja aufgelegt. Ich wusste sehr viel und ich konnte es obendrein fachlich begründen. Deswegen war ich natürlich felsenfest überzeugt, dass ich wusste, was zu tun sei und was nicht. Mir würden gewisse Dinge nie passieren. Dazu gleich eine kleine Geschichte: Der älteste Sohn meines Bruders war nicht unbedingt so begeistert von der Nahrungsaufnahme wie manch andere Kinder. Das ging sogar so weit, dass er einmal sein Essen statt in den Mund in seine Hosentaschen beförderte, um eine Stunde später entsetzt festzustellen, dass er etwas ganz Ekliges in seiner Hose hatte und nicht wusste, was das war. Er hatte seine Vermeidungsstrategie inzwischen total vergessen. Eine andere Spielart war natürlich, dass er nach einer für ihn gefühlten Stunde (und für die anderen eine Minute) einfach vom Tisch aufstand, weil es ihn nicht interessierte, bei Tisch zu sitzen, um etwas so Uninteressantes wie Mittagessen erleben zu müssen. Ich dachte mir natürlich, dass dies so nicht ginge. Es müsste doch möglich sein, sein Kind wenigstens dazu zu bewegen, sitzen zu bleiben. Elf Jahre später befand ich mich in der gleichen Situation. Und zwar mit meinem Sohn. Er stopfte sich zwar nicht das Essen in seine Hose, aber ansonsten war er genauso »gefesselt« vom Prozess der Nahrungsaufnahme wie mein Neffe. Egal, was man Max vorsetzte, er verweigerte prinzipiell fast alles, vor allem die mit Liebe zubereiteten Gesichter aus Gemüse. Nachdem vor allem die Kinder schnell begreifen, dass Erwachsene sie nicht zum Essen nötigen können, musste ich bald erkennen, dass ich mir all meine tollen Ideen aufzeichnen konnte. Und das hat sich bis heute nicht geändert.

Der einzige Unterschied zu früher: Ich hab es einfach verstanden. Hin und wieder interessiert ihn das Essen, ab und zu ist er wirklich so hungrig, dass er konzentriert isst, aber meistens kann man Max für gemeinsame Mahlzeiten nicht wirklich begeistern.

Trotzdem ist er bis heute nicht verhungert. Er ist ein sportlicher Junge mit wunderbaren sozialen Fähigkeiten, der sich sehr gut an verschiedene Settings anpassen kann. Nur Essen interessiert ihn nicht. Und ich habe gelernt, es gelassen hinzunehmen. Vor allem aber habe ich verstanden, dass es in der Erziehung nur so wimmelt von falschen Annahmen, Mythen, die nicht hinterfragt werden, und Ansprüchen, die hauptsächlich eines können: uns das Leben schwer machen und sonst nichts.

»Ich werde alles anders machen, konsequenter sein, liebevoller ...«

Der Plan ist simpel: Wenn ich nur die Fehler der anderen vermeide, wenn ich wirklich konsequent bin, ein gutes Vorbild und obendrein voller Liebe und Zuwendung, dann werden meine Kinder sicher die glücklichsten der Welt. Das wiederum bedeutet, dass wir alle perfekt harmonieren und meine Kinder und ich das ideale Team bilden werden. Okay, wahrscheinlich würde das niemand so formulieren, aber im Stillen hegen wir doch solche oder ähnliche Wünsche.

Nur haben wir da leider die Rechnung ohne den Wirt gemacht. Du kannst vielleicht online beim Anlegen eines Profils bei einer Partnerbörse eingeben, was du haben möchtest, und versuchen, dir einen Partner auszusuchen. Zumindest glaubst du, dass das halbwegs funktionieren könnte. Natürlich ist dabei zu berücksichtigen, dass sich Menschen hoffentlich noch verändern und weiterentwickeln werden. Denn wie hat Paul Watzlawick so treffend formuliert? Du kannst einem anderen Menschen nichts Schlimmeres wünschen, als dass er so bleiben soll, wie er ist. Bei deinen Kindern gibt es aber außer frommen Wünschen gar nichts. Du kannst dir deine Kinder einfach nicht aussuchen. Du kannst nur hoffen, dass sie genetisch möglichst viel Ähnlichkeit mit dir aufweisen. Doch halt! Willst du das wirklich? Vielleicht möchte das ja mancher von uns gar nicht so sehr. Denn das setzt ja voraus, dass du dich selbst sehr gut kennst und wirklich magst. Oder dein Kind ähnelt deinem Partner sehr. Da ist es wieder dasselbe Spiel: Du weißt schon, kennen, mögen ... Gerade wenn deine Kinder dich oder deine Partnerin spiegeln, weil ihr so viel gemeinsam habt, kann das eine große Herausforderung sein oder auch der Grund, warum du schnell die Nerven verlierst. Niemand kann mich zum Beispiel so schnell auf die Palme bringen wie mein Sohn, weil er mir in seiner Art dauernd den Spiegel vorhält.

Selbstverständlich gibt es ebenso die Variante, dass – Überraschung! – unsere Kinder so ganz und gar nicht sind wie wir; oder völlig anders, als wir das gerne hätten. Manche Kinder besitzen sogar die Impertinenz, vom Tag ihrer Geburt an einfach nicht unseren Erwartungen zu entsprechen. So etwas soll zumindest schon mal vorgekommen sein. Das könnte ja eine spannende Bereicherung für die Familie sein. Nur passt das nicht allen Eltern ins Konzept und sie beginnen mit dem kläglichen Versuch, ihre Kinder krampfhaft in eine bestimmte Richtung zu drängen, um sie wenigstens postnatal zu tunen. So hat mir eine Bekannte einmal gesagt: »Ich habe mir immer gewünscht, dass meine Tochter sich genauso für Pferde und Bücher begeistert wie ich. Ich habe schon alles probiert, aber sie interessiert sich einfach nicht für dieselben Dinge. Am besten, ich schicke sie auf Reiterferien.«

Die Kinder solcher Eltern sind nicht zu beneiden, weil ihre Interessen konsequent ignoriert werden und sie ständig Dinge bekommen und unternehmen, die ihnen nichts bedeuten oder die sie sogar furchtbar finden. Dies hat wiederum zur Folge, dass ihre Abneigung immer größer wird, sie das ihren Eltern auch dementsprechend zeigen und diese wiederum nicht sehr erfreut reagieren. Das Familienklima wird kontinuierlich schlechter und die Eltern riskieren die zunehmende Entfremdung von ihren Kindern.

Doch es geht auch anders. Die gute Nachricht ist nämlich, dass du eigentlich nichts tun musst. Du musst eben nicht die Welt verändern oder das Rad neu erfinden. Du darfst einfach ein unwissender Vater, eine unerfahrene Mutter sein. Du kannst dankbar sein für all deine Unzulänglichkeiten und Fehler, die dir passieren, um sie als Wegweiser auf deiner Reise durchs Leben mit deiner Familie zu begreifen, um von ihnen zu lernen. Also lass die Bäume ruhig stehen und dünge den Boden, auf dem deine Kinder wandeln, demütig mit all der Liebe, die du hast. Denn dann hast du schon sehr viel richtig gemacht.

»Aber irgendwer muss doch die Kontrolle haben!«

Es ist logisch und wird uns von allen Seiten als Teil des Erwachsenwerdens suggeriert: das Bedürfnis nach Kontrolle. Alle Menschen spüren es in sich. Viele Erwachsene haben deswegen das Gefühl, dass sie erst gute Eltern sind, wenn sie die Situation in der Familie, besser gesagt das Verhalten ihrer Kinder, kontrollieren können. Wirst du aber einmal in eine Klasse von fast dreißig 17- bis 19-jährigen Jugendlichen gesteckt, merkst du bald, dass der Versuch, andere Menschen zu kontrollieren, sogar Sisyphus dazu bringen könnte, dich zu bedauern.

Ich gebe dir jetzt eine der wichtigsten Erkenntnisse mit, die ich im Laufe meines Lebens als Vater und Pädagoge erfahren habe: Du kannst niemanden kontrollieren, außer dich selbst. Und sogar bei dir selbst scheiterst du oft genug.

Deine Kinder kontrollieren zu wollen ist nicht nur unmöglich, sondern schlichtweg der falsche Ansatz. Oder anders gefragt: Würdest du gerne von anderen Personen rund um die Uhr kontrolliert werden? Ist es nicht schon schlimm genug, dass wir bis zu einem gewissen Entwicklungsstand bzw. einem bestimmten Alter ohnehin unsere Kinder teilweise bevormunden müssen? Freust du dich vielleicht schon darauf, eventuell wieder Windeln tragen zu dürfen und von anderen Menschen in deinem Tagesablauf bestimmt zu werden? Ich weiß schon, was du sagen willst. Ja, natürlich sind Kinder von Beginn ihres Lebens an auf uns angewiesen, sie würden ohne uns nicht einmal überleben, und letztendlich ist es unumgehbar, dass wir eine Zeit lang etliche Denkprozesse für sie übernehmen. Heißt das jedoch, dass Kinder nicht die gleichen Rechte besitzen?

Warum sollte ein Mensch mit fünf Monaten weniger Menschenwürde haben als mit fünf Jahren oder dann mit 50 Jahren? Und ab wann verlieren wir sie dann wieder? Mit 70, 80, 90? Worauf ich hinauswill, ist die unantastbare Tatsache, dass alle Menschen gleich viel Achtung und Respekt verdienen, unabhängig von ihrem Alter. Gerade weil wir aus der Entwicklungssituation heraus Grenzen der Würde und der Scham überschreiten müssen, ist es umso wichtiger, dies mit Feingefühl und Liebe zu tun.

Kontrolle hat mit Liebe nicht viel zu tun. Kontrolle hat höchstens mit Angst zu tun. Denn die Angst ist es, die uns dazu bringt, möglichst viel Kontrolle auszuüben. Wenn wir Dinge scheinbar im Griff haben, sei es durch Regeln, Normen und Überwachung, glauben wir, wir können die Angst in Zaum halten. Selbst wenn wir noch so sehr erfahren mussten, dass diese Wünsche nach Kontrolle nur Luftschlösser sind, halten wir unvermindert an ihr fest. Im Gegenteil, manche von uns greifen sogar zu abergläubischen Ritualen, auch Zwangshandlungen genannt. Es stellt sich die Frage, warum wir gerade bei unseren Kindern so sehr an der Illusion der Kontrolle festhalten wollen. Schließlich sind es doch gerade unsere Söhne und Töchter, die uns fast täglich vor Augen führen, dass sie sich nicht kontrollieren lassen. Zumindest nicht, wenn sie das nicht wollen. Meine Tochter würde lieber jede nachteilige Konsequenz für sich in Kauf nehmen, bevor sie sich den Willen eines Erwachsenen aufzwingen lässt.

Was kannst du aber tun, wenn du in der Früh schon zu spät dran bist und die lieben Kinderlein alles tun, nur nicht das, was du ihnen sagst? Die simple Antwort lautet: eigentlich nicht viel. Dass alles so läuft, wie wir Eltern uns das vorstellen, ist eher ein Lotto-Sechser. Meine Lektion daraus war einfach, dass ich seither immer Bonuszeit einplane, um zumindest nicht zu spät zu kommen. Außerdem kannst du lernen, dich selbst in deinem Verhalten, in deiner Reaktion zu kontrollieren.

Die Idee von der Selbstkontrolle stammt vom israelischen Psychologen Haim Omer, der einen sehr interessanten Ansatz formuliert hat. Ich habe seine Theorie der »Neuen Autorität« in einem Seminar kennengelernt. Vorgestellt wurde sie von Stefan Ofner, der einmal Gefängnispsychologe war. Er hat diese Anekdote zur Selbstkontrolle selbst erlebt und uns in etwa wie folgt erzählt: Er meinte, dass der entscheidende Unterschied in der Fähigkeit, unsere Selbstkontrolle auszuüben, darin liegt, ob wir es schaffen, bis zehn zu zählen, bevor wir reagieren. Denn dann sieht unsere Reaktion eben ganz anders aus. Das hat er auch einem

Insassen des Gefängnisses in Stein gesagt, der wegen eines Gewaltverbrechens dort inhaftiert war. Dieser hat darauf erwidert, dass er das eben nicht kann, wenn er in Rage ist. Was Stefan mit der Antwort quittiert hat, dass er ja ein paar Jahre habe, darüber nachzudenken.

Was ich dir mit dieser Geschichte sagen will, ist, dass wir eben unsere Kinder nicht kontrollieren können, aber uns selbst. Das heißt, wenn unsere Kinder in der Früh andere Ideen haben als wir, dann ist es natürlich eine unangenehme und nervige Situation, die auch Stress auslöst. Konflikte sind nicht immer vermeidbar. Du kannst deinen Kindern zum Beispiel mitteilen, wie es dir geht. Wichtig ist nur, nicht völlig die Kontrolle – sprich deine Nerven – hinzuschmeißen. Manchmal wirst du natürlich die Kinder gegen ihren Willen anziehen, aber du kannst trotzdem dabei neutral bleiben. Wenn du nämlich gewaltsam wirst und deine Kinder anschreist bzw. sogar noch beschimpfst, riskierst du letztendlich viel mehr, als du kurzfristig gewinnen kannst; vor allem, wenn du regelmäßig zu diesen Methoden greifst. Vielleicht bemerkst du den Kollateralschaden nicht gleich. Aber spätestens, wenn dein Kind jugendlich ist, wirst du die Rechnung präsentiert bekommen. Und die wird dir nicht gefallen. Es ist zwar verständlich, dass du deine 16-jährige Tochter, deinen 17-jährigen Sohn schon als so reif ansiehst, dass du davon ausgehst, dass sie mit mehr Weitblick und Vernunft, quasi als deine Verbündeten, an die Sache rangehen. Sie sind aber trotzdem immer noch deine Kinder und wollen in aufgeladenen Situationen deinen Rückhalt spüren, selbst wenn sie dir das nicht zeigen.

Schließlich willst du ja auch, dass sie sich dir gegenüber öffnen, wenn sie etwas belastet. Haben sie aber das Gefühl, dass sie hauptsächlich gemaßregelt werden, lernen sie eher, sich von dir zurückzuziehen.

Das Gute an der Selbstkontrolle ist die Befriedigung im Nachhinein. Du wirst dir nichts vorwerfen müssen, du wirst schneller wieder entspannen können. Kurz gesagt, es ist eigentlich eine Win-win-Situation, wenn du sie nur zulassen kannst. Leider deuten alle Anzeichen in eine andere Richtung. Den Höhepunkt dieser Entwicklung stellen Helikopter-Eltern dar, die wie der berühmte Polizeihubschrauber mit Suchscheinwerfern rund um die Uhr über ihren Kindern kreisen, um sie lückenlos zu kontrollieren. Schließlich können sie nur so unerwünschten Verhaltensweisen und Konflikten vorbeugen. So zumindest die Begründung derjenigen, die dieses Verhalten praktizieren. Begründet wird es mit Sätzen wie: »Ich muss ja verhindern, dass etwas passiert!« Was diese Eltern aber übersehen, ist, dass sie auf diese Weise ihren Kindern oft die Möglichkeit nehmen, überhaupt eigene Erfahrungen zu sammeln.

Bestätigt werden diese Eltern von der Gesellschaft. Denn wenn wir genau hinschauen, befinden wir uns schon längst in einer Helikopter-Gesellschaft. Alle Kinder werden möglichst rund um die Uhr überwacht. Sogar im Schlaf! Dank Babyphone mit Videoüberwachung (mit Nachtsichtfunktion!) ist das 24/7-Modell wirklich keine Übertreibung mehr. Selbst wenn wir unsere Kinder in Kindergarten oder Schule abgeben müssen, sind wir uns sicher, dass sie an diesen Orten immer überwacht werden. Das führt dazu, dass eine Volksschullehrerin gar nicht mehr die Klasse verlassen kann, selbst in den Pausen. Stell dir mal vor, was da alles passieren könnte!

Mir geht es da eher wie Jesper Juul, der forderte, dass wir den Kindern wieder Freiräume zugestehen sollten. Ich gebe dir auch einen guten Grund dafür. Du kennst das wahrscheinlich. Zumindest allen Pädagoginnen ist das Phänomen bekannt: Solange die Kinder wissen, dass ihre Eltern anwesend sind, scheint nichts für längere Zeit zu funktionieren. Sie sind emotional, weinerlich, streitsüchtig und scheinbar unentwegt unausgeglichen. Kaum verlassen die Eltern die Szene, sind die Kinder wie ausgewechselt: Auf einmal sind sie die ruhigsten, konzentriertesten und ausgeglichensten Kinder der Welt. Allein aus diesem Grund ist es empfehlenswert, wenn du deinen Kindern zu Hause mehr Freiräume bietest. Probiere es mal aus. Du wirst sehen, wie gut das funktioniert. Sie brauchen dann nicht mal Spielzeug, kommen auf die originellsten Ideen und du hast sogar Zeit für dich. Unglaublich, nicht? Letztens habe ich zum Beispiel mitbekommen, wie mein Sohn seine kleine Schwester in ihrem Zimmer überreden wollte, vom Stockbett zu hüpfen. Ich habe der Versuchung widerstanden hineinzugehen, um nachzusehen, wie das ablaufen würde. Ich wusste, dass ich den Kindern vertrauen konnte, und gab meinem Bauchgefühl nach. Sie waren dann eine Stunde allein im Zimmer. Das Ergebnis war wunderschön: Die beiden hatten eine harmonische und lustige Zeit zusammen und sie hatten den Boden mit allerlei Decken und Polstern ausgelegt, sodass auch ihre Sicherheit nicht gefährdet war.

Versteh mich nicht falsch. Natürlich will ich, dass du Zeit mit deinen Kindern verbringst, aber eben nicht nur. Und du musst auch nicht unentwegt Programm für sie gestalten. Sie können das selbst oft am besten. Ich bin immer wieder erstaunt, welche unglaublichen Ideen meine Kinder aus dem Hut zaubern. Da wuseln dann Zauberer und Feen durch die Wohnung, wird ein Asia-Restaurant eröffnet oder sogar ein Quiz über das Lieblings-Online-Spiel veranstaltet. Dafür bin ich dann gerne derjenige, der das Chaos in der Wohnung hinterher beseitigt. Das ist meine Art, »Danke« zu sagen für die Zeit, die ich für mich gewonnen habe. Und gewinnen tun wir alle. Denn stell dir mal vor, deine Kinder werden auf diese Weise unheimlich selbstständig und kreativ.

»Aber es muss doch Konsequenzen geben«

Eine 16-jährige Schülerin hat mir im Pädagogik-Unterricht einmal erzählt, dass sie für jede Minute, die sie zu spät dran ist, beim nächsten Mal eine Stunde früher nach Hause kommen muss. Wahrscheinlich fühlte sich die Mutter des Mädchens tatsächlich in ihrer Position bestärkt, da sich ihre Tochter aus Angst vor den Sanktionen tatsächlich an die Vorschrift hielt. Was ihre Mutter aber nicht bedacht hat, ist der Umstand, dass es auch Jugendliche gibt, die sich von solchen Maßnahmen keineswegs abschrecken lassen oder sogar deswegen erst recht zu spät kommen.

Jedes Verhalten hat Folgen. So gesehen stimmt der Satz mit den Konsequenzen ja. Aber erstens treten die sowieso von selbst ein und zweitens gibt es im Zusammenhang mit Konsequenzen eine fatale Verwechslung: Konsequenzen werden oft mit Strafen gleichgesetzt. Und ich muss an dieser Stelle eindeutig Stellung beziehen: Strafen sind immer und in jeder Form der falsche Weg und obendrein eine Sackgasse. In unserem Beispiel oben sind die selbst eintretenden Folgen das erschütterte Vertrauen zwischen Mutter und Tochter und auch die Tatsache, dass sich die Mutter bei einer Verspätung Sorgen macht. Das sind zwei Punkte, die von größerer Bedeutung für beide Seiten sind, als es zunächst den Anschein hat. Und wenn dies auch von Seiten der Mutter klar kommuniziert wird, kann sie letztendlich mehr bei ihrer Tochter erreichen als mit einer Strafe.

Strafen werden von Kindern nämlich nie als richtig bzw. angenehm empfunden. Das ist auch nicht ihr Sinn. Stimmt. Nur haben sie auch keinen anderen, sie sind sinnlos. Sie haben nämlich nicht den Effekt, den sich Eltern wünschen. Erziehende wünschen sich, dass Kinder ihr Verhalten verändern, und das möglichst dauerhaft, was in der Psychologie auch als Lernen bezeichnet wird. Aber dieser Lernprozess findet einfach nicht statt. Oberflächlich gesehen scheint es zwar so, als ob Strafen wirken würden, aber sie führen eben nicht zu einer Verhaltensveränderung, sondern nur zu einem Unterdrücken des Verhaltens. Sobald sich eine Gelegenheit ergibt und die Kinder nicht mit der Strafe als Konsequenz auf ihr Verhalten rechnen müssen, werden sie das unerwünschte Verhalten wieder zeigen. Es tritt also genau jene Situation ein, die man als Elternteil auf keinen Fall will. Ich weiß nicht, wie es dir geht, aber ich möchte meinen Kindern vertrauen können, dass sie nicht Dinge tun, die einen Vertrauensbruch darstellen würden, sobald ich ihnen den Rücken kehre oder die Tür zu ihrem Zimmer schließe. Die Schülerin ist ja, wenn sie mit ihren Freundinnen unterwegs ist, auch allein. Wenn sie sich auch in dieser Zeit ihrer Mutter herzlich verbunden fühlt, wird sie eher vernünftig handeln, als wenn sie ihre Mutter als »Gegnerin« sieht, die ihr ihren Spaß nicht gönnt.

Das ist aber nicht alles. Jede Strafe ist außerdem eine Demütigung; nicht unbedingt hilfreich für eine gute Beziehung. Auch ich kenne diejenigen, vor allem Leute aus der älteren Generation, die davon sprechen, dass Strafen oder körperliche Züchtigung, zum Beispiel in der Form von Ohrfeigen, ihnen nicht geschadet haben oder sogar gut waren. Das ist natürlich absoluter Blödsinn und entspricht nicht der Wahrheit. Diese Menschen reden sich nur ihre Vergangenheit schön. Denn auch sie waren damals gedemütigt, haben vielleicht sogar Tränen vergossen. Sicher haben sie nicht zu ihren Eltern gesagt: »Danke! Am besten ihr schlagt gleich noch mal zu. Und diesmal noch ein wenig fester, damit ich noch mehr aus dieser tollen Erfahrung mitnehmen kann!«

Strafen sind eine Belastung für die Beziehung zwischen Eltern und Kindern. Die Kinder könnten zum Beispiel Angst vor ihren Eltern bekommen. Es könnte außerdem sein, dass Strafen genau das Gegenteil bewirken. Manche Kinder werden dadurch nämlich zu richtigen Rebellen. Das geht sogar so weit, dass sie erst recht etwas oder sogar mehr »anstellen«, sobald sie bestraft werden. Meine Mutter hat jedes Mal, während sie körperlich bestraft wurde, und das mit Methoden, die schon an Folter grenzten, darüber nachgedacht, was sie als Nächstes anstellen könnte. Und ja, sie hat ihre Ideen auch in die Tat umgesetzt.

Es gibt eine weitere Gruppe von Kindern, bei denen eine Strafe anscheinend »wirkt« – allerdings ebenfalls anders als erwünscht. Das sind diejenigen, die durch Strafen gebrochen werden, die einfach resignieren. Das sind die klassischen Opfer, die auch später als solche durchs Leben gehen. Im schlimmsten Fall geben sie die »tollen« Methoden ihrer Eltern an eigene Kinder weiter, weil sie das Modell der Strafe akzeptiert und verinnerlicht haben.

Vielleicht wendest du ein: »Man muss doch unterscheiden. Strafe ist doch nicht gleich Strafe. Es besteht doch ein riesengroßer Unterschied zwischen Prügelstrafe und Naschverbot.“ Das stimmt natürlich. Es ändert aber nichts an der Tatsache, dass kleine Strafen, die systematisch und wiederholt eingesetzt werden, genauso zu einer Verschlechterung des Verhältnisses zwischen Eltern und Kindern beitragen können. Auch die anderen negativen Konsequenzen sind nicht auszuschließen.

Außerdem sind wir bei der Strafe schon wieder mitten im Entmündigungsprozess. Wollen wir denn nicht alle, dass unsere Kinder verantwortungsbewusste Erwachsene werden, die keine Polizisten beim Zebrastreifen vor der Volksschule benötigen, weil sie selbst wissen, dass sie Acht geben sollen? Es geht nämlich um Einsicht in ein Verhalten; durch Einsicht zu lernen, ist der beste Verbündete aller Eltern. Nur, wenn Kinder etwas einsehen, werden sie es innerlich annehmen und akzeptieren. Sie werden natürlich nicht immer nach ihren Einsichten handeln. Tun wir ja auch nicht. Aber sie werden die Konsequenzen ihres Verhaltens annehmen können. Etwas, das bei Strafe unmöglich ist.

Im Pädagogik-Unterricht habe ich das immer wieder mit den Schülerinnen thematisiert. Was tut zum Beispiel eine Jugendliche, die erreichen möchte, dass ihre Eltern sie länger fortgehen lassen? Sie beweist ihnen, dass sie genau jene Eigenschaften besitzt, die Eltern als vernünftig und erwachsen ansehen. So wäre es ratsam, dass die Teenagerin sehr eigenständig handelt, freiwillig Haushaltspflichten übernimmt und zeigt, dass sich ihre Eltern auf die Tochter verlassen können, und das über einen langen Zeitraum hinweg.

Kinder, die bestraft werden, beschäftigen sich gedanklich höchstens mit der Ungerechtigkeit, die ihnen widerfährt, aber sicher nicht mit Verhaltensänderungen. Dazu noch eine wichtige Anmerkung: Alles, was Kinder als Strafe erleben, ist auch Strafe für sie. Sie wissen zudem genau, wann sie nur über eine »angebliche Strafe« meckern, die sie im tiefsten Inneren nicht als solche empfinden, und wann sie sich wirklich unfair behandelt fühlen.

Manche argumentieren damit, dass Strafe früher funktioniert habe und auch heute noch funktioniert, wenn sie nur konsequent durchgezogen wird. Es gibt allen Ernstes Pädagogen und Psychologinnen, die wieder eine »härtere Gangart« fordern. Bei solchen Aussagen frage ich mich stets, ob ich im »falschen Film« bin, denn real kann so etwas doch nicht sein. Denn extremes Verhalten von Seiten der Kinder oder Jugendlichen gibt es nur dann, wenn sie nicht mehr wahrgenommen werden, wenn niemand liebevoll für sie da ist. Deswegen ist der Ruf nach verschärften Maßnahmen insofern verfehlt, da man die Opfer, nämlich die Kinder, nochmal zum Opfer macht.

Kehren wir lieber wieder zurück zu einem Leben, das auch Wert und Werte hat. Denn Konsequenzen sind wichtig und sowieso immer da. Kinder wollen Führung und Autorität erleben, samt der Konsequenzen, die ein Verhalten mit sich bringt. Allerdings kann Autorität nicht mit Angst, Druck oder Strafe erzeugt werden.

Respekt und Achtung deiner Kinder erhältst du sofort, gleich von der Geburt an. Was für ein großartiger Startbonus. Leider wird dieser Bonus sofort verspielt, wenn du ihn dir nicht verdienst. Also, wie erhältst du diese Liebe, diesen Respekt, diese Achtung? Genau damit: nämlich mit Achtung, Liebe und Respekt deinen Kindern gegenüber. Lebe als Vorbild einfach vor, was du bei deinen Kindern sehen möchtest. Willst du, dass deine Kinder nicht so viel Zeit vor Bildschirmen verbringen, solltest du das selbst so vorleben. Einen liebevollen Umgang miteinander kannst du auch selbst demonstrieren, am besten gleich in Kontakt mit deinen Kindern.

Bindest du deine Kinder ein, wirst du sehen, wie vernünftig sie sind. Schließlich wissen wir alle, dass – wie schon erwähnt – all unsere Handlungen Konsequenzen haben. In vielen Fällen musst du tatsächlich nichts mehr tun. Oft gibt es natürliche Folgen, die für die Kinder ohnehin schon hart genug sind. Wenn sie zum Beispiel eine Schulveranstaltung versäumen, die sie unbedingt erleben wollten, weil sie zu spät kommen, kannst du dir jeden Kommentar in Richtung: »Ich hab es dir doch gesagt!«, sparen. Dort, wo es keine natürlichen Folgen gibt, kannst du mit den Kindern logische Folgen vereinbaren. Jedes Kind wird verstehen, dass Abläufe im Alltag und Abmachungen nur möglich sind, wenn sie so funktionieren, dass alle zufrieden sind. Theoretisch gibt es eine riesige Bandbreite an Verhaltensvereinbarungen, die für Eltern und Kinder denkbar sind, wenn beide Seiten einverstanden sind. Wenn in einer entspannten Atmosphäre in der Familie wichtige Themen besprochen werden und alle Beteiligten gehört werden, dann werden auch deine Kinder verstehen, dass es dir nicht egal ist, wann sie z. B. schlafen gehen. Natürlich wird es Verhandlungen geben, aber wenn du gute Argumente hast, dann werden sie auch gehört werden. Umgekehrt solltest du aber auch plausible Standpunkte von Seiten der Kinder zulassen. So ist sicher eine Variante vorstellbar, die sicherstellt, dass dein Kind unter der Woche genügend Schlaf bekommt und am Wochenende, wenn es ausschlafen kann, auch mal länger aufbleiben darf.

Wir Menschen brauchen Struktur und Orientierung, Kinder noch mehr. Gib ihnen gute Rahmenbedingungen, klare Abläufe und sei ein Vorbild, indem du konsequent bei dir selbst bist, dann wirst du mehr erreichen als mit moralisierenden Vorträgen oder Strafen. Vergiss dabei nicht, dass die Selbstkontrolle die einzige Kontrolle ist, die du wirklich ausüben kannst. Am schlimmsten sind wir als Eltern, wenn wir unsere eigene Unzulänglichkeit unsere Kinder ausbaden lassen. Du kennst das sicher. Du bist zu spät dran, hast nicht auf die Zeit geachtet und dann bist du unausstehlich und genervt deinen Kindern gegenüber. Mir ist das selbst passiert. Wir waren spät dran, weil ich mich in der Zeit verkalkuliert hatte und die Kinder gerade in so einer Situation nicht einfach einen Zahn zulegten, nur weil ich sie dazu drängte. Die Situation geriet immer mehr außer Kontrolle, bis ich laut wurde und wir alle mit finsterer Miene das Haus verließen. Doch als wir bei der Tür draußen waren, fiel mir ein, was ich da eigentlich tat, und rief: »Stopp!« Wir gingen alle noch mal zurück in die Wohnung, ich entschuldigte mich bei den Kindern und versprach ihnen, von vorne beginnen zu wollen. Schon war die Stimmung wie ausgewechselt, vor allem bei mir selbst.

»Wir müssen doch an einem Strang ziehen«

Deine Kinder haben sicher auch schon probiert, sich bei dir für etwas eine Erlaubnis zu holen, nachdem sie vom anderen Elternteil bereits eine Abfuhr erhalten haben. Um dem vorzubeugen, glauben viele Eltern, dass sie immer die gleiche Ansicht vertreten müssen. Dem würde ich so nicht zustimmen. Auch in diesem Punkt muss ich mich dem erfahrenen Pädagogen Jesper Juul anschließen, der eine geschlossene Front von Eltern ihren Kindern gegenüber ablehnt. Abgesehen davon, dass die Vorstellung von dauerhafter Einigkeit ohnehin nicht sehr realistisch ist, stellt sich die Frage, warum sich der Wunsch danach so hartnäckig in den Köpfen der Eltern hält. Das hat wahrscheinlich damit zu tun, dass wir alle gern recht behalten. Gerade wenn wir unsicher sind, wollen wir gerne hören, dass wir alles richtig und gut gemacht haben. Genau in diesem Moment fordern wir gerne die geschlossene Front ein. Oder wenn nicht nur die Kinder es wagen, unseren Standpunkt infrage zu stellen, sondern auch noch unser Partner. Vielleicht zweifeln wir sogar selbst, aber wir wollen uns das auf keinen Fall eingestehen. In solchen Fällen hätten wir sie gern: die geschlossenen Reihen der Einigkeit; oder anders formuliert: dass andere uns unwidersprochen recht geben. Ich habe das natürlich genauso getan. Die Kinder wollten beim Einkaufen ein überteuertes Kindermagazin haben und ich sagte deswegen »Nein«. Fünf Minuten später hielten die zwei ihr Objekt der Sehnsucht in ihren Händen, mit Erlaubnis ihrer Mutter.

Der unbedingt gewollte gemeinsame Standpunkt ist nicht nur ein riesiger Irrtum, sondern schlichtweg einfach unlogisch. Warum sollten zwei erwachsene Individuen immer dieselbe Meinung vertreten, noch dazu bei Punkten, die heftig umstritten sind? Abgesehen davon ist diese Forderung fast schon absurd bzw. negiert die verschiedenen Geschlechter beider Elternteile, wenn verlangt wird, dass Väter und Mütter dieselbe Herangehensweise und die gleiche Sicht der Dinge haben. Leider ist dies auch eine Falle für Eltern. Der berühmte Widerstreit »Mann gegen Frau« kann zwar sehr erheiternd sein und sogar bereichernd, wenn beide Partner guten Humor haben. Schließlich ist nichts besser, als herzhaft über sich selbst zu lachen. Leider arten diese ursprünglich lustig gedachten Auseinandersetzungen sehr schnell in richtige Konflikte aus. Diese können letztendlich den Grundstein für grundlegende Differenzen in der Beziehung bilden und sogar zur Trennung bzw. Scheidung führen, weil sich beide Eltern in ihren Bedürfnissen und Ansichten nicht mehr gesehen fühlen.

Dies ist wirklich schade, denn eigentlich ist die Unmöglichkeit, dauerhaft an einem Strang ziehen zu können, eine hervorragende Nachricht für die gesamte Familie. Tatsächlich gibt es vor allem für die Kinder doch nichts Schöneres als den Reichtum der unterschiedlichen Ansätze ihrer beiden Eltern. Können auch die Eltern diese verschiedenen Zugänge als Bereicherung sehen, dann haben alle schon gewonnen. Ich habe da folgendes Bild vor Augen: Das Kind steht mit irgendeinem fahrbaren Untersatz auf einem Berg und möchte ihn hinunterfahren. Die Mutter ruft dem Kind zu: »Pass auf, fahr nicht zu schnell!« Der Vater feuert das Kind an: »Gib ordentlich Gas!« Es kann natürlich genauso gut umgekehrt sein. Aber an diesem Beispiel sehen wir klar: Beide haben recht. Beide Aufforderungen sind passend und helfen dem Kind in seiner Entwicklung.

Und solange sie nicht gleichzeitig auf das Kind niederprasseln, ist alles in bester Ordnung.

Deine Autorität gewinnst du nicht, indem du eine Front mit deinem Partner bildest. Außerdem finden deine Kinder rasch heraus, was bei wem möglich ist. Du kannst natürlich einwenden: »Das ist ja das Problem!« Ist es eben nicht. Selbst wenn sich deine Kinder in einer Konfliktsituation auf Mama oder Papa berufen, ist das nur ein Zeichen ihrer Intelligenz und es ist obendrein legitim. Warum auch nicht? Sie zeigen dir damit, dass sie verstanden haben, wie ihre Eltern ticken. Das hat nichts mit »in den Rücken fallen« zu tun. Das ist eindeutig eine Sache der Kommunikation auf Seiten der Eltern. Bei wichtigen Konflikten sollten sie ohnehin miteinander reden und in Ruhe alles besprechen. Wenn aber die Sache nicht so wichtig ist, kann es auch nicht so tragisch sein, wenn ein Elternteil überstimmt wird. Und sollte einer der beiden Elternteile solche Situationen missbrauchen, um der lieben Frau/dem lieben Mann eins »auszuwischen«, haben die beiden ohnehin ein größeres Problem als den gemeinsamen Strang.

Nein. Eltern brauchen wirklich nicht an einem Strang zu ziehen. Du willst dich schließlich als Frau oder Mann nicht verleugnen. Oder würdest du deine Kinder als Geschwister zwingen, sich ständig gleich zu verhalten? Wenn es etwas gibt, das für alle gleich sein sollte, dann ist es die Liebe und Hingabe zu unseren Kindern und zum Elternsein. Das reicht als Basis vollkommen.

»Versuch erst gar nicht, mit ihr zu reden, die ist gerade voll in der Pubertät«

Ich glaube, es gibt keinen Lebensabschnitt, in dem Menschen sich öfter missverstanden fühlen, als die Jugendzeit. Ja, Jugendliche brauchen in dieser Zeit die Orientierung durch Gleichaltrige, die »Peer Group«, und möglicherweise sind sie von ihren Eltern so weit entfernt wie nie zuvor in ihrem Leben. Das müssen sie auch. Die zentrale Entwicklungsaufgabe im Jugendalter besteht darin, die eigene Identität zu finden und damit verbunden sich von den Eltern abzugrenzen. Sie wollen ihre Rollen finden, ihren eigenen Zugang zu den Dingen und ihre eigenen Werte. Sie probieren zum ersten Mal aus, wie es ist, ein junger Mann, eine junge Frau zu sein, und was das für sie bedeutet. Sie wollen ihre ersten ernsthaften Beziehungen eingehen.

Das alles kostet sehr viel der jugendlichen Konzentration und Aufmerksamkeit, die sich um alles zu drehen scheint, nur nicht um die Familie zu Hause. Deswegen neigen Erwachsene dazu zu resignieren oder sie freuen sich sogar, sich nicht mehr so viel um ihre Kinder kümmern zu müssen. Doch genau das Gegenteil ist der Fall. Die eigenen Werte zu finden, die eigene Rolle auszuprobieren, die ersten sexuellen Erfahrungen zu sammeln, das alles sind Erlebnisse, die die Jugendlichen zutiefst verunsichern und emotional aus der Bahn werfen können. Teenager brauchen genauso viel Kontakt zu ihren Eltern, wenn nicht sogar mehr. Nein, ich bin nicht verwirrt. Auch wenn die Reibungspunkte, die Spannungen und die Diskussionen intensiver und schwieriger werden, ist das Dranbleiben an den Jugendlichen genau das, was sie brauchen. Und es ist zudem äußerst faszinierend. Ich merke das tagtäglich in der Schule. Alle Schülerinnen und Schüler suchen die Nähe zu Erwachsenen oder Lehrern, die ihren Sorgen und Ängsten Beachtung schenken. Selbst 18-jährige, junge Männer, die einen Kopf größer sind als ich und die nach außen hin oft – aus Selbstschutz – sehr aggressiv auftreten, suchen letztendlich nach wertschätzender Zuwendung. Oft reicht dann auch schon eine Umarmung, wenn wir uns auf dem Gang begegnen.

Einen Haken hat die Sache allerdings schon. Hast du es nämlich verabsäumt, in der Kindheit jene Basis zu schaffen, auf die du dich jetzt berufen kannst, und zwar durch bedingungslose Liebe, Respekt und Achtung, ist es zu diesem Zeitpunkt sicherlich schwieriger, einen Zugang zu finden. Trotzdem würde ich es an deiner Stelle versuchen, denn frustrierend und aufreibend ist es allemal, auch für diejenigen, die bis jetzt eine hervorragende Beziehung zu ihren Kindern hatten. Der entscheidende Unterschied besteht eben darin, dass die Eltern, die eine innige Beziehung gepflegt haben, die auf Gleichwürdigkeit basiert – wie Jesper Juul es nennt –, ihren Kindern von Anfang an gezeigt haben, dass sie sie ernst nehmen.

Es gibt nichts Gefährlicheres für die Beziehung zu Jugendlichen, als sie nicht ernst zu nehmen. Ist ihr Hirn scheinbar eine Großbaustelle? Verhalten sie sich seltsam? Sind sie teilweise unnahbar und widersprüchlich? Ja, ja und ja. Aber das gilt doch für uns alle. Nur, die meisten von uns können ihre Sonderbarkeiten einfach schon besser kaschieren oder verstecken. Wir Erwachsenen pflegen unsere Neurosen im Stillen oder stilisieren sie zu Tugenden. So nach der Devise: »Bei mir ist es immer supersauber!« Eigentlich ist es doch ein Zeichen von seelischer Gesundheit, dass Jugendliche ihre Konflikte und Ängste nicht verbergen. In dieser Beziehung könnten wir einiges von ihnen lernen.

Wenn du dir die Zeit nimmst, genauer hinzusehen, zu beobachten und zuzuhören, wirst du schnell merken, dass auch Teenager genauso viel Zuneigung und körperliche Nähe suchen wie früher. Sie holen sie sich vielleicht nur von jemand anderem. Aber die Bedürfnisse sind die gleichen wie früher. Wichtig ist es, bereits im ersten Lebensjahr vorzusorgen, den Grundstein zu legen. Hast du von Anfang an deinem Kind bedingungslose Liebe und Zuwendung geschenkt, ohne Strafe, in einer vertrauensvollen Beziehung, dann ist in der Jugend auch für dich die Zeit der Ernte. Jetzt kannst du diesen Beziehungsbonus einfordern und es wird euch beiden guttun. Vielleicht darfst du nicht mit der Tür ins Haus fallen und du tarnst die gewünschte Nähe als gemeinsame Unternehmung, die euch beiden Spaß macht. Egal, ob ihr Essen geht, einen Spaziergang macht, ein paar Körbe werft oder auch in ein Spa fahrt, Hauptsache, ihr habt Zeit füreinander.

Willst du erst in dieser Zeit eine vertrauensvolle Beziehung zu deinem Kind aufbauen, wird das nicht so einfach sein oder gar nicht funktionieren. Den Versuch sind junge Menschen allemal wert. Jugendliche in ihrem Wechselbad der Gefühle und in ihrem Pendeln zwischen Kindheit und Erwachsensein sind nämlich total faszinierend und ein großartiger Spiegel der menschlichen Existenz. Auch später, als Erwachsene, verspüren wir noch immer diese Impulse und hoffentlich unterdrücken wir sie dann nicht, sondern erhalten uns etwas von dem freigeistigen kindlichen Dasein.

Niemand ist so begeisterungsfähig wie junge Menschen. Ihre Energie ist unglaublich und sie birgt ein riesiges Potenzial. Umso erschreckender ist es oft, wie frustriert, lustlos und vor allem entmutigt Jugendliche in der Schule sitzen, obwohl sie gerne ganz anders wären und das außerhalb der Unterrichtszeiten auch sind. Aber solange die »Erwachsenenwelt« damit beschäftigt ist, jungen Menschen ihre scheinbaren Defizite und Mängel vorzuhalten und ihnen den letzten Funken an Lebenslust auszutreiben, so lange wird sich die Situation nicht bessern, eher im Gegenteil.

Du kannst deinen Kindern dabei helfen, einen anderen Weg zu gehen, indem du einfach präsent bist, liebevoll Interesse zeigst, unabhängig von der Reaktion. Auf diese Weise findest du früher oder später einen Weg zu deinem jugendlichen Kind und ihr legt gemeinsam den Grundstein für einen lebenslangen, herzlichen Kontakt zueinander.

»Mütter haben einen besonderen Draht zu ihren Kindern«

Natürlich haben Mütter eine besondere Beziehung zu ihren Kindern. Dasselbe gilt aber auch für die Väter dieser Kinder. Ich möchte an dieser Stelle auf keinen Fall die Rolle der Mütter schmälern. Vielmehr ist es mir als Mann ein Anliegen, die Rolle der Väter zu stärken. Und das ist vor allem im Interesse der Mütter. Denn wenn der Mythos von der besonderen Mutterrolle jemandem geschadet hat, dann den Müttern.

Einerseits missbrauchen nämlich jene Väter ihn, die ihn dazu benutzen, um sich von ihrer besonderen Beziehung – sprich Verantwortung – zu verabschieden. Das läuft dann immer nach dem Motto: »Das kann eine Mutter viel besser, also fang ich erst gar nicht damit an. Ich mach sowieso alles falsch.« Wieso sollte das stimmen? Soll das heißen, dass Männer nicht imstande sind, Windeln zu wechseln? Was für ein Blödsinn. Nicht einmal jener Vater aus meinem Freundeskreis, der stolz darauf ist, noch nie die Windeln seiner Kinder gewechselt zu haben, ist zu dumm, um Windeln zu wechseln. Auch wenn ich zugeben muss, dass seine Verhaltensweise einen genau das glauben lassen könnte. Oder heißt es, dass Frauen liebevoller sind und sich lieber um andere kümmern? Müsste dann folgerichtig nicht den Männern ihre Liebesfähigkeit abgesprochen werden? Ein noch größerer Blödsinn. Eigentlich sollten wir über solche Ideen lachen können. Leider sieht die Realität anders aus. Denn sie sind in vielen Kreisen immer noch Common Sense und werden sogar fast wie ein Naturgesetz von vielen nachgebetet. Um das hier ein für alle Mal klarzustellen: Natürlich gibt es geschlechtsbedingte Unterschiede, die unseren Kindern dabei helfen, beide Geschlechterrollen kennenzulernen. Dies ist auch der Grund, warum beide Geschlechter als aktive Rollenvorbilder so wichtig sind. Diese Differenzen können jedoch nicht zu dem Schluss führen, dass ein Mann genetisch bedingt seine Elternrolle nicht ausfüllen kann.

Leider wird dieser Ansatz auch von Frauen benutzt, um Männer in ihrer Vaterrolle zu degradieren und ihnen klarzumachen, dass sie keine Ahnung haben. Sogar, wenn diese Argumentation verständlich erscheint, ist sie sehr gefährlich. Sie setzt nämlich zunächst die Paarbeziehung aufs Spiel, weil sie die Gleichwürdigkeit beider Eltern verletzt. Die Väter fühlen sich nicht wertgeschätzt, weil nicht ernst genommen. Und die Mütter fühlen sich nicht gesehen, weil auf ihnen die ganze Last ruht. Aber der Schaden ist noch viel größer. Wer sich nämlich in Erziehungsinstitutionen umsieht und die Geschlechtsverteilung betrachtet, merkt schnell, dass wir uns längst mitten in einer Katastrophe befinden. Mittlerweile geht dies so weit, dass alle Berufe im erzieherischen Umfeld nicht nur fast ausschließlich weiblich besetzt sind – im Sinne einer sich selbst erfüllenden Prophezeiung: »Frauen können es eben besser« –, sondern die Verhältnisse auch noch dazu benutzt werden, ganze Berufsgruppen zu diskriminieren. Dass gerade all die weiblich dominierten Berufsfelder im Bereich der Erziehung sehr schlecht bezahlt werden, ist sicher kein Zufall. Und es wird schlimmer, denn auf diese Weise werden die Männer in Erziehungsberufen immer weniger. Ein Bekannter sagte in einem Gespräch einmal zu mir, wie gerne er im Kindergarten arbeiten würde, wenn die Bezahlung im Vergleich zu seinem jetzigen Job nicht so schlecht wäre.

Nehmen wir die Zahl der Alleinerzieherinnen dazu, wird schnell klar, dass Männer für viele Kinder in ihrem Alltag fast schon exotische Wesen sind, die sie nur hin und wieder zu Gesicht bekommen. Darum mein Appell: Liebe Männer, liebe Väter, hört auf, euch zu drücken, und lasst euch auch nicht unterdrücken. Eure Kinder werden es euch danken.

»Kinder sollten immer die Wahrheit sagen«

Wie bei den anderen Mythen ist bei der Forderung, dass Kinder immer die Wahrheit sagen sollten, vieles richtig und nachvollziehbar. Wir sollten uns aber fragen, ob wir damit nicht mehr Stress bzw. Druck für uns alle erzeugen, als uns lieb ist. Denn eigentlich geht es bei dem Wunsch um Ehrlichkeit und Vertrauen. Ich frage mich aber, ob es auch Vertrauen geben kann, selbst wenn wir nicht die Wahrheit von unseren Kindern einfordern. Den Eltern geht es ja hauptsächlich darum, dass sie nicht belogen werden. Die einzige Wahrheit ist aber, dass alle Eltern ihre Kinder häufig belügen. Wie war das mit dem Christkind? Aber nicht nur Eltern haben es nicht so mit der Wahrheit, die Gesellschaft will ja auf keinen Fall ehrlich behandelt werden. Wir alle wollen belogen werden. Wir nennen die Kunst des Lügens nur anders. Wir sagen dazu Höflichkeit. Oder würdest du deinen Sohn loben, wenn er lautstark im Zug sagt: »Papa, warum ist die Frau so dick?«, oder vielleicht sogar die direkte Variante: »Warum hast du so wenig Haare auf dem Kopf?« Du siehst, wir brauchen die Lüge. Die Einzigen, die sich noch mehr belügen, sind die Eltern, die sich das nicht eingestehen wollen.

Wenn wir uns vergegenwärtigen, wie viele Lügen wir täglich benutzen, dann wird auch die Welt für uns nicht untergehen, wenn unsere Kinder diesem Beispiel folgen. Der Punkt ist ein anderer. Wie bereits eingangs erwähnt, geht es um Vertrauen. Ich will meinen Lieben, den Mitgliedern meiner Familie, vertrauen können. Dieses Vertrauen resultiert aber nicht aus der Übereinstimmung des Gesagten mit irgendwelchen Tatsachen. Dieses Vertrauen bekommst du nur, wenn ... Weißt du es jetzt schon? Ich wiederhole es aber gerne: bedingungslose Liebe, eine innige Beziehung bzw. dass Kinder wissen, es gibt keine Bestrafung, wenn sie die Wahrheit sagen – dass sie geliebt werden, egal, was sie getan haben. Das sind die Zutaten, die notwendig für Vertrauen sind.

Daher stellt sich für mich und für deine Kinder sogleich die Frage, ob du die Wahrheit tatsächlich hören willst, ob sie dir zumutbar ist. Deine Kinder wollen, ob du es glaubst oder nicht, immer das Beste für dich. Wenn sie glauben, dass es für dich besser ist, angelogen zu werden, dann werden sie das für dich tun. Wenn Mama wieder deprimiert ist und nicht ansprechbar oder Papa unausstehlich und unnahbar ist, dann würde ich, wenn ich das Kind wäre, ihnen auch etwas erzählen, das ihnen besser bekommt und sie in ihrer heilen Welt belässt. Kommt dir das bekannt vor? Ja, auch unsere Kinder belügen uns, weil sie das Beste für uns wollen. Wie könnten wir ihnen das vorwerfen? Es ist doch unglaublich schön, oder?

Ich weiß, es bleibt ein bitterer Beigeschmack. Denn wer von uns will von unseren Kindern belogen werden, weil sie glauben, dass uns die Wahrheit nicht zumutbar ist? Was kannst du tun, damit das nicht passiert? Fang an, deinen Kindern mehr zuzumuten. Schau, dass du ein Leben hast. Eines, das dich glücklich macht und erfüllt. Anders gesagt: Sei glücklich! Denkst du dir nun: »Sehr witzig, der Typ!«, dann kann ich dich beruhigen. Das ist mein Ernst. Die Amerikaner wussten schon, warum sie das Streben nach Glück in die Verfassung geschrieben haben. Denn es ist tatsächlich ein unveräußerliches Recht aller Menschen. Wie du das bewerkstelligen kannst, darauf werde ich später noch zurückkommen. Ein erster Schritt besteht jedenfalls darin, deinen Kindern aufrichtiger und authentischer entgegenzutreten, mit all den Fehlern, die wir alle begehen. Dies war für mich ein wesentlicher Bestandteil in meinem Bestreben, mich als Vater neu zu erfinden. Wenn ich nichts mehr zu verbergen habe, mich zeige, wie ich wirklich bin, komme ich ehrlicher an. Dies ist wiederum die geeignetste Methode, meine Kinder einzuladen, auch offener ihre Gefühle und Gedanken mit mir zu teilen. Ich sage jetzt einfach, wenn ich genervt bin, wenn ich müde bin, wenn ich traurig bin. Gleichzeitig mache ich den Kindern auch klar, dass sie nie die Ursache für meine Befindlichkeiten sind. Denn es gibt eine Wahrheit, die als Konstante immer besteht: unsere Liebe zueinander. Andererseits haben wir alle Dinge, die wir für uns behalten wollen. Deswegen sei nicht so streng mit dir und deinen Kindern. Gönne ihnen ihre Geheimnisse. Mach ihnen klar, welche Geheimnisse gut sind und welche schlecht. Die guten sind diejenigen, die harmlos sind, die witzig sind, die Spaß machen, wie z. B. ein harmloser Streich, den man seinen Eltern oder Geschwistern spielt, oder Überraschungen. Die schlechten sind diejenigen, die belasten, Bauchweh verursachen, Angst oder traurig machen, wie z. B., dass dein Kind bedroht wird, gemobbt wird. Die müssen unbedingt raus. Denn in diesem Fall ist auf jeden Fall die Wahrheit gefragt, und zwar in einer liebevollen Atmosphäre. Dein Kind darf keine Angst haben, dir etwas zu erzählen, das es belastet. Gerade in diesem Moment sind Liebe, Zuwendung und Unterstützung gefragt und nicht Zurechtweisung, Unverständnis oder Bestrafung.

Ich kann es gar nicht oft genug wiederholen: Wir sollten aufhören, so zu tun, als wären Kinder keine ernst zu nehmenden Menschen, nur weil sie bei gewissen Dingen unseres Schutzes, unserer Verantwortung und Mithilfe bedürfen. Du hast die Wahl: Willst du dein Kind zum Asozialen oder Außenseiter machen, dann sorge dafür, dass es immer und überall die Wahrheit sagt, ohne Rücksicht auf die Gefühle anderer. Willst du aber ein glückliches Kind, dann hilf ihm beim »Lügen«, damit es einfühlsam und diplomatisch durch die Welt geht. Und das ist mein voller Ernst. Außerdem kann es unheimlich viel Spaß machen. Es gibt sogar unzählige Spiele, die das Lügen trainieren. Letztendlich geht es doch auch um eine Form von Lügen, die wir alle lieben und bewundern, und die kann gar nicht genug gefördert werden: unsere Fantasie. Also, wenn dein Neffe dir erzählt, dass ein Dinosaurier in seinem Garten wohnt, dann berichte ihm gleich von dem Eisbären, der dich regelmäßig besucht. Wenn dann seine Augen vor Aufregung leuchten, weißt du, dass du gerade eine der besten Arten gefunden hast, in Kontakt mit Kindern zu treten.

»Was sollen denn die anderen von mir denken?«

Wer kennt die Szene nicht: Das tobende Kind auf dem Boden des Supermarkts und jeder Versuch vonseiten des peinlich berührten Elternteils endet in einer Verschlimmerung der Situation. Wenn du eigene Kinder hast, hast du dir sicher mit einem inneren Lächeln gedacht: »Gott sei Dank ist es nicht meins!« Denn schließlich weißt du als Vater bzw. Mutter genau, wie es ist, die Blicke aller anderen Menschen auf dich zu ziehen, und das mit einem schreienden, tobenden oder lärmenden Kind. In so einer Situation versagt nicht nur jedes Deo, sondern sie ist einfach unangenehm und wir alle sind heilfroh, wenn wir sie hinter uns gebracht haben.

Doch Beispiele wie die oben genannten sind nicht der Grund, warum ich über das Thema an dieser Stelle schreibe. Es geht vielmehr um unsere generelle Tendenz, uns an der Gesellschaft, an den anderen, an der Umwelt zu orientieren – und das aus einer negativen Motivation heraus. Bei dem, was wir »Erziehung« nennen, passieren viel zu viele Dinge deshalb, weil Eltern meinen, sie müssten so handeln, wie die Gesellschaft es möchte, weil sie kein Aufsehen erregen möchten oder nicht »dumm dastehen« wollen. Da könnte ja jemand glauben, sie hätten ihre Kinder nicht im Griff.

Natürlich sind wir alle soziale Wesen und kein Mensch ist eine Insel. Auf den Mehrwert dieser Tatsache werde ich später noch zurückkommen, wenn ich dir zeige, wie deine Mitmenschen dich beim Elternsein unterstützen können. Trotzdem ist es dein Leben und das deiner Familie. Auch die Psychologie hat diesem Umstand erfolgreich Rechnung getragen. Der systemische Ansatz, der als therapeutische Herangehensweise für Familien in der zweiten Hälfte des 20. Jahrhunderts entstanden ist, hat sich eben aus der Erkenntnis entwickelt, dass jedes Familiensystem unterschiedlich funktioniert und Familien deswegen nur bedingt vergleichbar sind. Was in einer Familie funktioniert, kann für eine andere schlichtweg eine Katastrophe sein. In der einen Familie ist der Vater beruflich bedingt ständig abwesend, die Familie stellt sich darauf ein und es funktioniert für alle Beteiligten. In der nächsten Familie kann dieselbe Konstellation dazu führen, dass die Mitglieder darunter leiden und das System als Konsequenz zusammenbricht. So ist eben das Leben. Nur, weil für eine Familie etwas gut ist, heißt das nicht automatisch, dass dies auch für alle anderen gilt. Und zu diesem Umstand gäbe es noch unzählige Beispiele.

Worauf ich hinauswill, ist frei nach Kant: Lass deine Werte die Richtschnur deines Handelns sein, auch wenn sie nicht mit denen von anderen oder der Gesellschaft übereinstimmen. Es ist unglaublich wichtig für dein Glück, dass du jederzeit in den Spiegel schauen kannst. Was aber in Familien dazukommt, ist, dass auch die anderen Familienmitglieder diese Werte mittragen können. Darum haben renommierte Partnervermittlungsagenturen schon recht, wenn sie darauf setzen, dass zukünftige Paare sich möglichst ähnlich in ihren Interessen und Ansichten sein sollen. Auch wenn die Herangehensweisen nicht die gleichen sein müssen, sollte klar sein, was der Grundkonsens in der Familie ist.

Sich als Paar auf gewisse Dinge zu einigen, ist ein spannender und interessanter Prozess. Natürlich empfiehlt es sich, wenn das Paar im Hinterkopf behält, dass diese Grundprinzipien Ideale darstellen, die es ohnehin nicht immer einhalten kann. An oberster Stelle dürfen sich jedenfalls immer die gegenseitige Liebe und Achtung bzw. der Respekt finden, dann hast du schon viel erreicht. Will zum Beispiel Mama nicht, dass die Kinder komische Ausdrücke – wie Schimpfwörter – benutzen, ist es sicher möglich, dass die Kinder, wenn es nicht anders geht, ihre Bedürfnisse in dieser Hinsicht mit Papa ausleben, wenn der eben kein Problem damit hat.

Das ist eine Win-win-Situation, denn alle bekommen, was sie wollen, und wenn die Kinder es schaffen, sich in den verschiedenen Situationen passend zu verhalten, haben sie bewiesen, dass sie Rücksicht nehmen können. Somit werden alle Familienmitglieder in ihren Bedürfnissen geschätzt und die Kinder zeigen, dass sie flexibel in verschiedene Rollen schlüpfen können. Dies ist wiederum eine Fähigkeit, die für die Menschheit immer sehr wichtig sein wird, spätestens, wenn sie in der Schule jede Stunde einer anderen Lehrperson gegenübersteht. Und Spaß ist obendrein noch dabei, wenn die Kinder gemeinsam mit Papa richtig die Sau rauslassen können. Dabei ergibt sich ein wichtiger Nebeneffekt: Das ist nicht nur sehr gut für die Psychohygiene der Kinder, sondern auch unschätzbar wichtig für ihren Selbstwert.

Fazit: Achte nicht so sehr auf die Blicke und Stimmen der anderen, sondern höre deinen Kindern, deiner Partnerin, deinem Partner und vor allem dir selbst zu. Und bleibt in Kontakt, um eure Bedürfnisse aufeinander abzustimmen. Dann habt ihr schon sehr viel füreinander getan. Vielleicht könnt ihr es irgendwann sogar schaffen, die seltsamen Reaktionen eurer Umwelt mit einem gemeinsamen Lachen zu quittieren.

»War mein Kind auch brav?«

Deine Kinder haben einen Freund, eine Freundin zu sich eingeladen, und am Ende des Tages stehen Mama oder Papa vor der Tür und fragen dich die berühmte Frage: »War er/sie auch brav?« Dieser Elternteil will damit signalisieren, dass es ihm wichtig ist, wie sich sein Kind bei anderen verhält. Ich weiß schon, es geht darum, dass Abläufe funktionieren müssen und in Folge auch die Menschen innerhalb dieser Prozesse. Das kenne ich natürlich als Vater und Lehrer zur Genüge. »Brav« sein bedeutet aber für die meisten, dass Kinder Erwachsenen gegenüber gehorsam sind. Das ist gewiss nützlich, gleichzeitig wird es jedoch heikel. Also, Hand aufs Herz: Wenn wir von »braven« Kindern reden, geht es uns doch letztendlich um Kinder, die funktionieren, und zwar genau nach unseren Vorstellungen.

Wusstest du, dass Ungehorsam – also das Gegenteil von »brav« sein – ein Zeichen von persönlicher Verantwortung ist? Schon vom Milgram-Experiment gehört? In dieser Versuchsanordnung, zu der es übrigens etliche Neuauflagen gibt, wurden Menschen daraufhin getestet, wie gehorsam sie auf eine Autoritätsperson reagieren. Dabei hat sich herausgestellt, dass mehr als die Hälfte der Personen einer anderen einen Stromschlag versetzen würde (was natürlich nicht passiert ist, aber das wussten die Testpersonen nicht), der gefährlich bis sogar tödlich für diesen Menschen enden könnte. Und das nur, weil ein Versuchsleiter in einem weißen Laborkittel sie höflich dazu aufgefordert hatte. Jene Personen, die sich irgendwann geweigert haben, der Aufforderung Folge zu leisten, sahen die Verantwortung ihres Handelns bei sich selbst. Und diejenigen, die weitermachten – teilweise bis zur höchsten (fiktiven) Stromstärke von 450 Volt – gaben an, dass sie keine Verantwortung für ihr Handeln tragen würden. Schließlich hätten sie nur Anweisungen befolgt.

Das kennen wir doch von irgendwoher, oder? Ob im Nationalsozialismus oder in anderen totalitären Herrschaftssystemen, ging es stets um bedingungslosen Gehorsam. Und eigentlich waren die Mitläufer doch alle »brav«. Wie ist das jetzt? Ach ja, ich vergaß, wir sollten nur bei den »richtigen« Anweisungen »brav« sein. Nur welche sind das? Ich kann mich noch gut erinnern, als Saddam Hussein im Irak gestürzt wurde und Eltern in Interviews sagten, dass sie nun ihren Kindern erklären müssten, dass sie nicht mehr täglich in der Früh dem »geliebten Herrscher« danken oder ihn anbeten sollten. Er war auf einmal nicht mehr der Gesalbte. Die Frage ist nur, wer entscheidet, welcher Gehorsam der richtige ist? Du kannst sagen, das sollte doch jeder selbst wissen. Siehst du, da sind wir schon bei der Eigenverantwortung. Das impliziert aber sofort, dass es jedem Individuum selbst überlassen sein muss, »Nein« zu sagen, sonst hat es keine Eigenverantwortung.

Versteh mich nicht falsch. Ich habe meinen Kindern erst heute Morgen verärgert und ungeduldig erklärt, dass ich dafür verantwortlich bin, sie pünktlich in Kindergarten und Schule zu bringen. Auch ich freue mich, wenn sie »funktionieren«. Und ich werde ungehalten und verliere die Nerven, wenn sie das nicht tun. Aber – und das ist entscheidend – ich weiß, dass es völlig normal und ihr gutes Recht ist, wenn Kinder nicht so funktionieren, wie wir das gerne hätten. Sie wissen oft nicht einmal bzw. können in einem gewissen Alter gar nicht wissen, dass etwas schiefläuft.

Kinder erleben die Welt anders als du. Sie können das, was uns Erwachsenen oft so guttun würde: Sie leben absolut im Moment. Sie können völlig in ihrem momentanen Dasein aufgehen, ohne ein Bewusstsein für Zeit und Raum. Die Glücksforschung hat diesen Moment als den »Flow« definiert, ein absolutes Glücksgefühl. Deinen Kindern den Vorwurf zu machen, dass sie im falschen Augenblick glücklich sind, ist schon ziemlich absurd, findest du nicht? Du kannst aber sehr wohl ein Zeitpolster einplanen, um ein paar Minuten Luft zu haben, sie aus ihrer Gedankenwelt zu holen. Im »schlimmsten« Fall seid ihr eben einmal früher dran. Es gibt noch etwas, das zu bedenken ist. Jesper Juul spricht immer wieder davon. Er meint, dass alle Kinder mit ihren Eltern kooperieren wollen. Sie tun das nur nicht immer auf die Art und Weise, die wir im Moment bevorzugen. Das liegt aber dann meistens nicht an ihnen, sondern eher an uns, weil wir diejenigen sind, die sie dazu gebracht haben, dass sie scheinbar widersprüchliche Signale an uns senden. Ich gebe dir ein Beispiel, und das ist nur eine mögliche von unzähligen Varianten. Vergiss nicht, dass alle Familiensysteme ihre eigenen Regeln haben. So könnte es zum Beispiel sein, dass ein Sohn genau in dem Moment »herumtrödelt«, weil es für ihn die einzige Möglichkeit ist, in intensiven Kontakt zu seiner Mutter zu treten. Sie empfindet sein Verhalten zunehmend als Provokation, während er versucht, folgende Botschaft zu übermitteln: »Mama, bitte nimm mich mehr wahr, verbring mehr Zeit mit mir!«

Was immer deine Kinder tun oder nicht tun, es steckt meistens keinerlei böse Absicht dahinter. Und selbst wenn das Verhalten eine Botschaft an dich enthält, ist es eine Form der Hilfestellung für dich und es liegt an dir, die Zeichen richtig zu entschlüsseln. Überleg mal, ob dir dein Kind nicht doch wichtiger ist als jeder Termin der Welt. Hin und wieder würde es uns allen guttun, ein wenig über den Dingen zu stehen bzw. eine Vogelperspektive einzunehmen und die Ereignisse im Leben mit ein wenig mehr Distanz und Langmut zu betrachten. Wir müssen ja nicht gleich so weit gehen wie »Pronoiker« (als Gegenstück zur Paranoia) Rob Brezsny, der meint, dass wir immer genau das bekommen, was wir brauchen, um festzuhalten, dass es sich lohnt, auf wiederkehrende Konfliktmuster genauer hinzusehen.

Anders gesagt: »Brav« sollte höchstens dein Hund sein! Wir dürfen nicht vergessen, dass eine der wichtigsten Aufgaben von uns Eltern darin besteht, unsere Kinder in ein eigenständiges Dasein zu begleiten. Deswegen können wir ihnen Eigenverantwortung nicht vorenthalten. Und wo Eigenverantwortung, da ist auch Widerstand, Ungehorsam und Rebellion. Diese Dinge müssen wir jedoch zulassen können. Selbst Jugendlichen, die nachweislich das Aufbegehren gegen die Eltern als Entwicklungsaufgabe zu bewältigen haben, werfen wir dies allerdings vor. Willst du wirklich zu den Eltern gehören, die ihren Kindern keinen Millimeter Spielraum lassen und ihnen anschließend vorwerfen, dass sie nicht erwachsen bzw. selbstständig werden?

»Brav« darf keine elterliche Kategorie sein. Streich das Wort einfach aus deinem Wortschatz. Denn glaube mir, es wird sich absolut nichts ändern. Deine Kinder werden sowieso das tun, was sie für richtig halten. Aber vielleicht schaffst du es dann, die kritischen Momente ein wenig entspannter zu erleben, wenn du keinen Gehorsam einforderst bzw. deine Kinder nicht auf ihre Funktionalität reduzierst.

»Wenn du einmal nachgibst, dann ...«

Gewisse Mythen halten sich sehr hartnäckig, weil sie einfache Lösungen anbieten, in denen die Welt in Schwarz und Weiß eingeteilt wird. So kann ich mich noch gut an den Ratschlag einer Tante erinnern, die gemeint hat: »Sobald du die Kinder einmal ins Ehebett lässt, bekommst du sie nie wieder raus!« Diese Sichtweise vertreten viele, wenn es darum geht, unerwünschten Verhaltensveränderungen vorzubeugen. Was diese Menschen aber nicht wissen oder nicht berücksichtigen, sind zwei Dinge: Erstens entwickeln sich Kinder sehr rasch. Das bedeutet, auch ihre Bedürfnisse und ihr Verhalten verändern sich rasant. Und zweitens sind Kinder keine Automaten, die man einfach programmieren kann und die dann auf Knopfdruck immer wieder dasselbe Verhalten zeigen. Wer glaubt denn wirklich, dass ein Kind, nur weil es einmal mit einer gewissen Verhaltensweise Erfolg hatte, immer bei dieser bleiben wird? Tja, immerhin dachten das auch die Behavioristen der 70er-Jahre, und das waren renommierte Psychologen. Die gingen sogar so weit zu glauben, dass ihre Idee des »programmierten Unterrichts« funktionieren würde. Das lief nach der Devise: Gib dem Kind ein Leckerli und es wird unbedingt weiterlernen wollen. Und was glaubst du, hat es geklappt? Anders gefragt: Hast du je vom »programmierten Unterricht« gehört? Mehr ist zu dem Thema nicht zu sagen.

Selbst Psychologen sollten wissen, dass es so etwas wie einen freien Willen gibt. Die meisten Kinder haben ihn noch. Und sie besitzen sogar noch viel mehr: Sie sind klüger, als manche Erwachsenen meinen beziehungsweise sich wünschen; auf jeden Fall klüger als alle Hunde zusammen. Das heißt, sie bleiben nicht stupide bei derselben Verhaltensweise, nur weil sie einmal funktioniert hat. Auf so eine Idee kommen eher wir Erwachsenen, weil wir uns das manchmal so wünschen. Kinder tun das, was dem intelligentesten Organismus auf diesem Planeten würdig ist: Sie überlegen es sich einfach anders. Kein Kleinkind weint aus Berechnung, weil es herausgefunden hat, dass es so seinen Willen durchsetzen kann. So einfach ist es nicht. Das wissen alle Eltern am besten.

Also, auch wenn es hin und wieder doch funktioniert: Hör am besten gleich damit auf, deine Kinder zu manipulieren, mit irgendwelchen verlockenden Belohnungen. Konzentriere dich lieber darauf, eine ehrliche und liebevolle Beziehung zu ihnen zu pflegen. Dann werden sie sich auch hin und wieder von dir austricksen lassen oder du dich von ihnen.

»Ich will doch nur, dass mein Kind glücklich ist ...«

Allen Eltern liegt das Wohlergehen ihrer Kinder am Herzen. Das ist nicht nur legitim, sondern auch ein sehr liebevoller und wesentlicher Teil unserer Aufgabe. Leider schießen dann viele über das Ziel hinaus, um sicherzugehen, dass die Mission auch erfüllt wird. Das zeugt von elterlicher Kompetenz und Fürsorge, ist aber für ein Kind nicht hilfreich. Ich gebe dir ein Beispiel. Wenn du dein Kind dabei unterstützen möchtest, gut in der Schule abzuschneiden, und du die Hausaufgaben deiner Tochter erledigst, wird ihr das auf lange Sicht nicht helfen, da sie in der Schule selbst ihre Kompetenz beweisen muss.

Genauso steht es um das Glück deiner Kinder. Nur sie selbst haben es in der Hand, glücklich zu sein. Es könnte sogar sein, dass du die liebevollste Mutter der Welt bist, die alles richtig macht, und trotzdem ist dein Sohn nicht glücklich. Umgekehrt gibt es unzählige Beispiele von Menschen, die aus dysfunktionalen Familien kommen, die kein liebevolles, unterstützendes Zuhause hatten und trotzdem ihr Glück fanden.

Das bedeutet nicht, dass es gleichgültig ist, wie du dich als Elternteil im Leben deines Kindes einbringst. Was du aber lernen musst zu akzeptieren, ist der Umstand, dass auch deine Kinder ihren eigenen Lebensweg gehen. Und das beginnt früher, als uns oft bewusst ist. Eigentlich darfst du dich darüber freuen. Denn ist die Eigenständigkeit nicht eines der wesentlichen Ziele unserer elterlichen Unterstützung? Du kannst ruhig stolz darauf sein, wenn dir deine zweijährige Tochter bereits ihre persönlichen Grenzen aufzeigt, indem sie nur mehr im Stehen gewickelt werden möchte. Dieser Prozess führt schließlich auch dazu, dass du dich bei deinen pubertierenden Kindern tatsächlich mehr als Sparringspartner fühlst. Aber auch diese Phase ist sehr bedeutsam.

Gerade wenn es um das Glück deiner Kinder geht, ist es immer wichtig, dich daran zu erinnern loszulassen. Du sollst ja nicht aus ihrem Leben verschwinden. Deine aktive Führung nimmt nur mit zunehmendem Alter ab, bis ihr euch auf Augenhöhe begegnet. So möchte dein vierjähriger Sohn viel direkter von dir hören, was du denkst, während dein vierzehnjähriger Sohn bei derselben Wortwahl vielleicht die Augen verdreht. In diesem Fall ist vielleicht dein Vorbild, deine Präsenz, wirkungsvoller als lange Vorträge.

Fazit: Du kannst deine Kinder nicht glücklich machen, dafür sind sie selbst verantwortlich. Du kannst sie aber sehr wohl dabei unterstützen, ihren eigenen Weg zu gehen, der sie dann hoffentlich auch in Richtung Glück führt.

3

Die dunkle Seite der Macht: Wenn Familien scheitern

Nicht nur Anakin Skywalker alias Darth Vader war als Familienvater nicht so erfolgreich. Wir alle kennen genug Familien, die scheitern. So vielfältig Familiensysteme sind, so unterschiedlich sind die Gründe für ihr Zusammenbrechen. Auch ich habe erst vor Kurzem erlebt, wie niederschmetternd und erschütternd diese Erfahrung sein kann. Denn selbst glaubt man ja doch, zu den auserwählten Lichtgestalten zu gehören, die es nicht nur schaffen, sondern die Aufgabe sogar mit Bravour meistern; bis man eben eines Besseren belehrt wird. Auf diese Weise habe ich gelernt zu verstehen, dass nicht nur alles gut ist, wie es ist, sondern dass, unabhängig davon, welche Aufgaben uns gestellt werden, unsere Familie immer ein Geschenk ist. Denn als ich verstand, dass der vermeintliche Zusammenbruch nur ein Weckruf und Neubeginn war, war das nicht nur für mich ein Glück, sondern auch für meine Kinder. Deswegen sehe ich heute vieles mit anderen, verständnisvolleren Augen. Noch dazu, wo so viele von uns ähnliche Erfahrungen durchmachen.

Es beginnt damit, dass es kompliziert genug ist, eine dauerhaft glückliche Zweierbeziehung aufrechtzuerhalten. Und da haben wir noch gar keine Kinder an Bord. Soll das jetzt etwa heißen, dass Kinder Beziehungskiller sind? Sagen wir so: Erstens ist das Elternsein viel herausfordernder und komplexer, als wir uns das alle vorstellen können. Zweitens stellen Kinder das Leben schon rein logistisch auf den Kopf. Das führt natürlich dazu, dass das ohnehin belastete Zeitkonto mitunter sogar überzogen wird. Aber es liegt nicht nur daran, dass Eltern weniger Zeit füreinander haben als kinderlose Pärchen. Kinder haben auch noch eine andere Wirkung. Sie sind natürlich keine »Beziehungskiller«, aber sie sind sicher »Beziehungskatalysatoren«.

Deshalb ist es auf jeden Fall keine gute Idee, eine zerrüttete Beziehung mit einem Baby kitten zu wollen. Doch kaum erblickt das Kind das Licht der Welt, entfaltet es in kürzester Zeit seine katalytische Wirkung, aber nicht ganz so, wie von seinen Eltern oft erhofft. Oder, um auf den Vergleich zu Beginn des Kapitels zurückzukommen: Dein Kind ist dein Yoda, der nicht immer grammatikalisch korrekte Sätze von sich gibt, aber es steckt immer sehr viel Weisheit dahinter. Oft muss es gar nichts sagen, um uns den Spiegel vorzuhalten. Vielleicht ist es ja noch gar nicht in der Lage dazu. Wenn du als Vater oder Mutter dein Baby in deinen Armen wiegst, um es zum Einschlafen zu bringen, du aber selbst voller Gedanken und Zweifel bist, obendrein angespannt und gestresst, wird wahrscheinlich in kürzester Zeit das Kind mit ähnlicher Unruhe reagieren oder sogar zu weinen beginnen. Ob du willst oder nicht, unsere Kinder sind tatsächlich unsere Lehrmeister. Und sie tun das, was ihre Aufgabe ist: Sie halten uns einen Spiegel vor, sie zwingen uns zur Einsicht; oder eben zur Aufgabe.

Es gibt keine zwischenmenschliche Beziehung, die nicht auf diese Weise von Kindern erschüttert wird. Das bedeutet gleichzeitig, dass Kinder sicher nicht die Verantwortung für eine Scheidung tragen, nur weil sie uns die Wahrheit des Scheiterns vor Augen führen. Schließlich sind sie weder bei der Partnerwahl ihrer Eltern dabei gewesen noch haben sie sich ihre Geburt ausgesucht. Dafür tragen allein die Erwachsenen die Verantwortung. Wenn du dir aus den falschen Gründen den falschen Partner oder die falsche Partnerin ausgesucht hast, dann war das deine Entscheidung. Vielleicht hattest du vor, länger vor den Tatsachen einer nicht durchdachten Lebensentscheidung davonzulaufen. Aber da kommen deine Kinder ins Spiel: Sie beschleunigen einfach das Unvermeidliche.

Für diese Klarheit, die du durch sie erwirbst, kannst du ihnen ruhig dankbar sein. Unsere Kinder geben uns die Chance, uns selbst besser kennenzulernen. Sie stellen uns unentwegt auf die Probe und eröffnen uns dadurch die Möglichkeit, mit den Unwägbarkeiten des Lebens besser zurechtzukommen. Eine davon ist eben die Beziehung zu unserer Partnerin und die Qualität dieser Bindung. Die Bandbreite an Motiven und Beweggründen für zwei Menschen, sich einander zu verpflichten oder zu versprechen, scheint unendlich groß zu sein. Das reicht von »Es war niemand anderer da« bis zu »Du bist die Liebe meines Lebens«. Das Interessante dabei ist, dass weder die Motive noch die Tiefe der Bindung etwas über die Lebensdauer einer Beziehung aussagen müssen.

Also, wenn du gerade denkst: »Gott sei Dank bin ich mit meiner Seelenverwandten zusammen«, muss ich dir leider mitteilen, dass das eben nicht unbedingt etwas zu sagen hat. Natürlich sind die statistischen Überlebenschancen eines »Traumpaares« wesentlich größer als die eines Paares, das nichts gemeinsam hat. Aber was nutzt dir das, wenn du auf der richtigen Seite der Statistik stehst und deine Beziehung trotzdem scheitert? Auf der anderen Seite kenne ich Paare, die sogar öffentlich darüber Witze machen, wie schlecht sie zusammenpassen und ohne ihre Kinder nie zusammen wären. Und trotzdem sind sie das schon seit über zehn Jahren.

Was ich sagen will, ist, dass Menschen wirklich faszinierende Wesen sind. Es gibt Erwachsene, die es schaffen, kraft ihrer Vernunft und ihres Durchhaltevermögens ein Leben lang zusammen zu sein, obwohl sie alles andere als füreinander geschaffen sind. Und es gibt wiederum Liebende, die zueinanderfinden mussten, weil sie so gut zusammenpassen, und die trennen sich, weil ihnen trotz ihrer Liebe das Leben dazwischenkommt. Was ist denn da los?

Es liegt letztendlich daran, dass eigentlich nicht die Paare an sich scheitern, sondern die einzelnen Menschen innerhalb einer Beziehung. Wenn zum Beispiel ein Mensch es nicht schafft, sich selbst anzunehmen und so zu mögen, wie er ist, dann wird er sich auf lange Sicht schwer damit tun, Liebe anzunehmen bzw. bedingungslose Liebe zu geben. Das kann an einer Kindheit liegen, die es demjenigen unmöglich gemacht hat, sich selbst als liebenswert und wertvoll zu sehen und anzunehmen. Wenn dir nämlich deine lieben Eltern oft genug sagen oder zu verstehen geben, dass du nichts wert, nicht gut genug, nicht schön genug, nicht intelligent oder einfach dumm bist, wirst du das als kooperationswilliges Kind meistens als deine Wahrheit verinnerlichen. Psychische oder physische Gewalt ist ebenfalls nicht gerade hilfreich. Eine besondere Variante der elterlichen Grausamkeiten stellt die »Liebe« dar, die an Bedingungen geknüpft ist. Das bedeutet für das Kind, dass es eben geliebt wird, wenn es sich gehorsam verhält und funktioniert, andererseits aber nicht geliebt wird, wenn es nicht das tut, was der Elternteil will. All das bildet einen hervorragenden Nährboden für spätere Bindungsprobleme, weil Menschen, die solche Erfahrungen gemacht haben, in Krisensituationen immer wieder in ihr verletzliches »Kinder-Ich« schlüpfen, das für eine erwachsene Zweierbeziehung eher nicht zu gebrauchen ist.

Es gibt natürlich auch die Variante, dass wir selbst daran »arbeiten«, an Beziehungen zu scheitern. Wenn du nämlich die unglücklichen Erfahrungen, die du erlebt hast, oder Fehler, die wir alle im zwischenmenschlichen Bereich begehen, dazu benutzt, um zur »beschädigten Ware« zu werden. Diese Beschädigung zeigt sich zum Beispiel in Selbstschutzgedanken wie: »Ich wurde schon so oft verletzt, deswegen lasse ich jetzt niemanden mehr an mich ran.« Oder: »Ich bin zumindest sehr skeptisch und vorsichtig, am besten, ich vertraue niemandem mehr.« Diese Einstellung zu Beziehungen gipfelt dann in der Super-GAU-Variante, alle Menschen, die dir zu nahe kommen und dir wirklich etwas bedeuten könnten, prophylaktisch wegzustoßen, damit sie dir nicht wehtun können. Das wäre dann der präventive Trennungserstschlag.

Dies sind noch längst nicht alle möglichen Varianten eines Wie-werde-ich-auf-keinen-Fall-glücklich-Daseins. Doch bevor wir hier wie eine Selbsthilfegruppe klingen oder depressiv werden, höre ich lieber auf damit. Denn welchen Grund auch immer dein Scheitern einer Beziehung hat, gibt es eine wichtige Lehre aus der Geschichte: So, wie das Leben nie sicher sein kann, so ist es auch mit unseren Zweierbeziehungen. Nur deine Kinder lassen sich sicher nicht von dir scheiden. Du bleibst Mama oder Papa, und das sogar über den Tod hinaus. Mein Vater ist immer noch mein Vater, und das nicht nur in meinem Herzen, auch wenn er schon gestorben ist.

So, was tust du nun, wenn es tatsächlich zum Bruch kommt, du aber als Vater oder Mutter einfach weitermachen sollst? Das Wichtigste ist, wie in allen Krisensituationen, zu versuchen, nicht den Kopf zu verlieren. Und wenn du endlich einmal Zeit hast durchzuatmen, dann nutze die Chance, die dir das Leben gibt, auch wenn es dich gerade ausgespuckt und zu Boden geworfen hat. Steh auf, putze dich ab und stelle dich vor einen Spiegel, um dir selbst in die Augen zu sehen. Nutze diesen Moment, um wieder zu dir selbst zu finden. Streife alle Kompromisse ab, die du in den letzten Jahren deiner Beziehung angehäuft und wie einen Riesenrucksack mit dir herumgeschleppt hast, sodass du sogar dem Weihnachtsmann Konkurrenz damit machen könntest, und entsorge sie. Verbanne sie aus deinem Kopf, aus deinem Herzen und aus deinem Leben. Beginne wieder von vorne, so wie du es möchtest.

Wenn du traurig bist, sei traurig. Deine Kinder sind stärker, als du vielleicht denkst. Ich kann mich noch gut erinnern, als ich nach Hause kam, um zu realisieren, dass meine damalige Frau gerade den Kindern von der bevorstehenden Trennung erzählte. Meine Tochter kam mir entgegengelaufen mit den Worten: »Papi, du musst Maxi trösten, er ist traurig wegen der Scheidung!« Sie zeigte mit ihren drei Jahren, wie einfühlsam sie sein konnte, inmitten einer für Kinder verwirrenden Situation. Eine Trennung ist eine Katastrophe, aber eine, die wir nicht nur emotional überleben können, auch unsere Kinder, sondern an der wir alle wachsen können. Nur ist es jetzt Zeit, Farbe zu bekennen. Nun kannst du dich nicht mehr hinter deinem Beruf, hinter deiner Partnerin, deinem Partner verstecken. In dieser Situation wird es offensichtlich, wie du zu deinen Kindern stehst. Wenn du mit ihnen zusammen sein willst, wirst du einen Weg dafür finden. Gerade für Väter ist eine Scheidung oft eine wichtige Weggabelung in ihrem Leben. Leider entscheiden sich viele, zu viele, für den falschen Pfad und reduzieren den Kontakt zu ihren Kindern. Das ist wirklich furchtbar für alle Beteiligten. Denn, wie ich bereits erwähnt habe, es gibt keine bessere Möglichkeit, etwas über sich selbst zu lernen und sich weiterzuentwickeln, als in Kontakt mit deinen Kindern. Doch dafür fehlt vielen Männern anscheinend der Mut. Solltest du als Frau oder Mann aber zu den Mutigen gehören, die bedingungslos zu ihren Kindern stehen, dann gratuliere ich dir. Und wenn du schon so viel Verwegenheit besitzt, kannst du gleich den nächsten Schritt setzen: Sei du selbst! Sei authentisch! Das ist das Beste, was du für dich und deine Kinder tun kannst. Du hast nun die Chance zu zeigen, was es für dich bedeutet, Vater zu sein. Du stehst nicht mehr im unmittelbaren Schatten der Mutter deiner Kinder, wenn sie bei dir sind. Nun kannst du verdeutlichen, dass du als Mann deinen ganz persönlichen Zugang zum Thema Familie und Kinder hast und welch wertvollen Beitrag ein männliches Rollenbild für deine Kinder und auch für die Gesellschaft sein kann.

Die einzige Gefahr an dieser Situation besteht darin, dass die frisch getrennten Eltern in einer Mischung aus Verletztheit und Sorge damit beginnen, die Kinder über die Situation beim anderen Elternteil auszufragen oder sogar zu verurteilen. So etwas kann schnell in einen Rosenkrieg ausarten, bei dem alle nur verlieren können. Denn auch wenn Reaktionen auf erlebte Kränkungen verständlich erscheinen, führen sie meistens nur zu einer Eskalation, die vor allem dafür sorgt, dass für die Kinder die Trennung zum Alptraum wird. Deswegen ist es für Eltern in dieser Zeit immer ratsam, vor allem nicht zu reagieren – oder, bevor sie etwas sagen, darüber nachzudenken, welche Folgen dies für sie und ihre Kinder haben könnte.

Als wäre es nicht schon schwer genug. Denn die Folgen einer Trennung hängen natürlich von vielen Faktoren ab und sind dementsprechend nicht verallgemeinerbar. War ein Elternteil zum Beispiel vor der Trennung so gut wie nicht vorhanden, wird auch die Trennung keine große Veränderung mit sich bringen. Anders verhält es sich, wenn Väter sich immer mehr von ihren Kindern entfernen. Es könnte aber auch sein, dass die Scheidung für den Vater eine Katastrophe ist, weil er seine Kinder nicht mehr so oft sehen kann, selbst wenn sie das möchten.

Aus entwicklungspsychologischer Sicht kann man sagen, dass Kinder die Trennung normalerweise umso leichter verkraften, je jünger sie sind. Eine Dreijährige, die noch kein komplettes Bild ihrer Realität hat, wird flexibler auf geänderte Verhältnisse reagieren können als eine Dreizehnjährige, die schon sehr klare Vorstellungen vom Leben hat, von ihren Eltern, und auch selbst beginnt, über Beziehungen nachzudenken. In so einem Fall wird wieder die Beziehung zwischen den Eltern und der Jugendlichen ausschlaggebend sein. Außerdem ist eine Auseinandersetzung mit ihren Ansichten und Gedanken wichtig. Dies wird sicher schwieriger sein, aber es ist möglich und sinnvoll. Vorausgesetzt, man geht mit dem Bewusstsein in die Unterhaltung, dass auch die dreizehnjährige Tochter bereits eine junge Frau ist, deren eigenständige Positionen Achtung und Respekt verdient haben.

Grundlegend geht es um etwas anderes. Wenn du deine Kinder wie Menschen behandelst, wirst du ihnen mit Achtung begegnen und ihre gleiche Würde anerkennen. Das bedeutet, dass du ihnen von Anfang an authentisch und ehrlich gegenübertrittst und nicht mit

Halbwahrheiten und Märchen arbeitest. Das soll nicht heißen, dass du nicht Rücksicht auf Alter und Entwicklungsstand deiner Kinder nehmen sollst. Aber deinen Kindern wichtige Informationen vorzuenthalten, um die eigene Machtposition zu sichern, ist nicht zielführend. Und wenn du deine Kinder Mensch sein lässt, kannst du leichter ein authentischer Mensch sein. Respekt ist der Schlüssel zu vielem, vor allem in der Trennungssituation. Das bedeutet nicht, dass deine Kinder mit der Situation einverstanden sein müssen. Aber wenn du ihnen erklärst, was in dir vorgeht oder warum die Beziehung ihrer Eltern beendet ist, dann gibst du ihnen die Möglichkeit, es zu verarbeiten. Hilfreich dabei ist sicher, Schuldzuweisungen zu vermeiden. Für deine Kinder ist vor allem wichtig zu verstehen, was das für sie und ihr Leben bedeutet. Deswegen ist es wesentlich zu betonen, dass es zwar passiert, dass eine Beziehung beendet werden kann, dass du aber immer der Vater, die Mutter für dein Kind bleibst und dass nichts etwas daran ändert. Meine Kinder haben sich sehr schnell mit der neuen Situation abgefunden. Das liegt auch daran, dass sie zwar immer wieder von einem Elternteil getrennt sind, aber dass sie trotzdem sowohl bei Mama als auch bei Papa ein liebevolles Zuhause vorfinden, ihr restliches Leben nicht völlig auf den Kopf gestellt wurde und sie mittlerweile auch die Vorteile von zwei Wohnorten genießen. Damit will ich sagen, dass ein liebevolles Miteinander auch unter neuen Vorzeichen entstehen kann. Dafür gibt es natürlich keine Garantie. Aber die gibt es auch nicht in Familien, die keine Scheidung erleben, wie wir wissen. Wenn aber alle Beteiligten daran interessiert sind, das Gemeinsame vor das Trennende zu stellen, dann findet sich immer ein Weg. Denn wie bereits erwähnt, sind deine Kinder viel flexibler und stärker, als ihnen das oft zugetraut wird.

Anderen mit der Achtung und Würde zu begegnen, die allen Menschen als grundlegendes Recht zusteht, ist ein wesentlicher Faktor, der bestimmt, wie eine Trennung ablaufen kann. Denn wenn man jahrelang mit einem Menschen zusammengelebt hat, weiß man eben sehr viel über diese Person; auch jede Schwäche. Wenn du zum Beispiel weißt, dass dein Expartner eine panische Angst vor Hühnern hat, kannst du das natürlich dazu benutzen, ihn öffentlich bloßzustellen; nichts einfacher als das. Wenn du bei der Trennung verletzt wurdest, dich verraten fühlst, könnte leicht die Hemmschwelle sinken und du versucht sein, pikante Details, Marotten und Neurosen zu verwenden, um deiner Frustration Luft zu machen. Aber das würde fatal enden, und zwar für alle Beteiligten. Ich glaube, du tätest gut daran, dich daran zu erinnern, dass du deinen Expartner aus positiven Gründen gewählt hast. Obendrein darfst du nicht vergessen, dass, egal wer von beiden wen verlassen hat, immer beide an einer Trennung beteiligt sind.

Als meine Exfrau gegangen ist, war es sehr einfach und bequem für mich, zuerst nur bei ihr die Verantwortung zu sehen. Anfangs war es vielleicht auch notwendig und verständlich. Doch dann, nach einer gewissen Zeit, als die Trauer weniger wurde, habe ich erkannt, welchen Anteil ich an der Trennung hatte und dass es letztendlich keinen Schuldigen geben sollte. Schließlich habe ich sehr wohl bemerkt, dass unsere Wege in verschiedene Richtungen gingen. Vor allem im Umgang mit den Kindern gab es zunehmend unterschiedliche Auffassungen. Außerdem war ich auch ein typischer Mann darin, Probleme nicht sehen zu wollen und sie auf keinen Fall zum Thema zu machen. Eine Trennung ist für keine Seite lustig. Auch diejenigen, die gehen, tun das ja nicht aus Spaß oder einer Laune heraus. Sie müssen die Trennung ebenso verkraften. Wichtig ist für beide zu begreifen, dass sie nun die Chance haben, sich neu zu definieren und wiederzufinden. Auch ich bemerkte relativ schnell, dass wir manchmal erst wirklich aus der Bahn geworfen werden müssen, um aufzuwachen und zu bemerken, dass wir schon lange nicht mehr wir selbst waren. Als ich selbst wieder auf die Spur kam und entdeckte, wie viel Freude es doch bereitet, mein wahres Selbst wiederzufinden, veränderte sich meine Stimmung sehr schnell. Aus Trauer wurde Neugier und schließlich sogar Abenteuerlust und Aufbruchsstimmung. Letztendlich realisierte ich, wie großartig es war, mit über 40 Jahren neu beginnen zu können.

So erscheint es auch völlig logisch, dass du sogar an den Punkt kommst, an dem du Dankbarkeit empfinden kannst, dafür, dass du die Chance für einen Neustart erhalten hast. Und so wie eine Patchwork-Decke bunt und lebendig wirkt, kannst du deine Patchwork-Familie als Bereicherung erleben. Außerdem lernen wir vor allem von Situationen im Leben, die uns herausfordern, die uns in unserem Dasein erschüttern. Dazu fällt mir etwas ein, was ein Rabbi einmal gesagt hat: Er meinte, er wünsche jedem Kind, das auf die Welt kommt, immer möglichst viel Zores. Und es sind ja tatsächlich die Schwierigkeiten und Umbrüche, die für alle Beteiligten die Möglichkeit bieten, sich weiterzuentwickeln.

Einer der möglichen Gründe, warum Familien scheitern, bietet gleichzeitig eine große Chance mit viel Potenzial. Wir befinden uns in allen Familien in einem Umbruch. Vor einigen Jahrzehnten wurden gesellschaftliche Werte fast von allen gleich mitgetragen. Disziplin und Gehorsam wurden von beinahe allen als wertvoll und wichtig erlebt und es gab vor allem für Kinder kaum eine Möglichkeit, diese Werte infrage zu stellen. Angefangen von den gesellschaftlichen Revolutionen der 60er- und 70er-Jahre des 20. Jahrhunderts hat sich bis heute sehr viel verändert. Somit befinden wir uns nun in der Situation, dass heute feststeht, dass nichts feststeht. Es ist heutzutage so wie in der Mode – alle Trends bestehen nebeneinander. Auch in der Erziehung ist fast alles möglich.

Nachdem die Religion als Dogma in den westlichen Zivilisationen abgedankt hat und wir die Lehren der Kirche sogar sehr kritisch betrachten, ist keine verbindliche Norm mehr übrig. Wir befinden uns in einem scheinbaren Paradies. Alle Werte, alle Vorstellungen dürfen nebeneinander bestehen. Alles hat Platz. Vom konservativen bis zum antiautoritären Standpunkt ist alles vertreten. Und, macht uns das glücklich? Nein, natürlich nicht. Eher im Gegenteil, viele Eltern sind schier überwältigt und fühlen sich hoffnungslos überfordert. Sie fragen sich: »Was ist denn richtig? Was soll ich jetzt tun?« Das geht sogar so weit, dass einige Eltern überhaupt aufgeben und ihre Macht an die Bildungsinstitutionen abgeben, so nach der Devise: »Ihr seid die Experten, macht ihr das!«

Im Kreis der Familie führt der Wertepluralismus zu jeder Menge Unruhe. Plötzlich wollen alle mitreden und ihren Standpunkt vertreten. Da wollen auf einmal nicht nur Mama und Papa ihren Kopf durchsetzen, sondern auch noch die Kinder. Je mehr Mitglieder die Familie hat, desto mehr Standpunkte gibt es. Das ist übrigens gleich ein guter Test für dich. Was löst dieser Gedanke in dir aus? Angst? Unbehagen? Ärger? Oder doch ein Lächeln oder sogar Freude? Doch egal, wie es dir mit den Anforderungen einer modernen Familie emotional geht, bleibt unbestritten, dass die Umstände jede Menge Konfliktpotenzial in sich bergen.

Ist es nicht fast ein Wunder, wenn Familien heutzutage nicht scheitern? Wenn du bedenkst, dass nicht nur die Hälfte der Familien offiziell fehlschlagen, sondern auch ein beträchtlicher Teil jener, die offiziell zusammen bleiben, innerlich emigrieren und nach außen nur den Schein wahren, sieht das Bild ohnehin nicht mehr so rosig aus. Andererseits sollten wir uns vielleicht von dem Bild der heilen Familie lösen und das Scheitern von Familien als Chance bzw. als Normalität anerkennen, um uns endlich von falschen Illusionen zu lösen.

So wie jeder Tag mit unseren Kindern uns die Chance eröffnet, Neues zu lernen, so können wir auch eine gewaltige Veränderung wie eine Scheidung als Möglichkeit zu lernen begreifen. Meine eigene Trennung hat mich vieles gelehrt. Das soll nicht heißen, dass sie nicht schmerzhaft und schwierig war. Aber die Situation hat mich gezwungen, meinen Standort im Leben und mich selbst neu zu definieren. Das war nicht gerade einfach. Es hat sich jedoch gelohnt. Ich rechtfertige mich nicht mehr, lebe meinen Glauben an das Gute im Menschen jeden Tag, versuche, andere zu inspirieren, und habe damit aufgehört, das Glück im Außen zu suchen oder auf gesellschaftliche Konventionen Rücksicht zu nehmen, die ich als überflüssig empfinde. Als ich bereit war weiterzugehen, habe ich das Verhältnis zu meinen Kindern endlich so leben können, wie ich es immer schon wollte und gefühlt habe. Ich kann jetzt ein Vater sein, der die Kinder Kinder sein lässt, der von ihnen mindestens so viel lernen kann wie sie von mir, der bedingungslose Liebe und Wertschätzung hochhalten kann und der weiß, dass in der Beziehung zu Kindern weniger oft mehr ist.

Wenn mir vor einem Jahr jemand gesagt hätte, dass ich ohne Probleme neben meinem Job allein einen Haushalt führen könnte und die Hälfte meiner Zeit als Alleinerzieher meistern würde, und das mit zwei Kindern zu Hause, dann wäre ich wirklich stolz auf mein zukünftiges Ich gewesen. Und ich bin es tatsächlich. Mittlerweile lebe ich wieder glücklich in einer Beziehung und es könnte uns vieren nicht besser gehen. Obendrein fühlen sich die Kinder auch bei ihrer anderen Familie wohl und geliebt. Und ich freue mich schon jetzt, wenn die Kinder wieder für einige Tage bei mir sind (nachdem sie dieselbe Zeit bei ihrer Mutter verbracht haben).

Die wichtigste Erkenntnis, die ich allen Eltern als Lehre aus meiner Situation mitgeben möchte und die mir sehr am Herzen liegt, lautet: Eure Kinder sind nicht Job oder Pflicht, auch wenn es schwierige Phasen und

Anstrengungen gibt. Jeder Moment mit ihnen ist nichts anderes als ein Geschenk.

4

Familien auf der Sonnenseite

Der Kabarettist Josef Hader hat in einem seiner Programme einmal über die Sinnhaftigkeit von Familiengründung sinniert. Er formulierte das in etwa so: »Kinder haben, ja, das wäre schon schön, vor allem zu Ostern und zu Weihnachten. [...] Aber wegen der zwei Tage.« Diese Satire ist längst Realität geworden. Es gibt heutzutage viele Menschen, die sehr genau abwägen, ob es sich »auszahlt«, Kinder zu haben. Ich bin der Letzte, der solche Entscheidungen be- oder verurteilen würde. Was ich aber möchte, ist, an dieser Stelle zu hinterfragen, ob es überhaupt möglich ist, Familie wie eine materielle Entscheidung oder Firmengründung zu kalkulieren.

Letztendlich ist die Gründung einer Familie keine Sache der Vernunft, sondern des Herzens. Und egal, ob du eigene Kinder hast oder nicht, bin ich zutiefst davon überzeugt, dass du und wir alle den Kontakt zu Kindern unbedingt brauchen. Und ich rede jetzt nicht von einer aufgesetzten Rolle, die man einem Kind gegenüber erfüllt. Ich spreche von ehrlichem, authentischem Kontakt auf Augenhöhe. Ich würde sogar so weit gehen zu sagen, dass, wenn du dich selbst finden willst, es dir mehr bringt, wenn du nicht in der Welt umherreist, sondern wenn du in intensiven Kontakt mit einem Kind trittst. Denn diese Begegnung wird dich mehr über dich lehren, als exotische Orte aufzusuchen, die dich eher von dir selbst ablenken und oft nur der Flucht vor dir selbst dienen.

Wenn dieses Kind sogar dein eigenes ist, hat das natürlich große Vorteile, weil du dich wahrscheinlich schneller selbst sehen kannst, in deinem Gegenüber. Dies kann wiederum gleichzeitig ein Nachteil sein, denn schließlich laufen wir vor niemandem so gerne davon wie vor uns selbst. Oder ähnelt dein Kind deiner Partnerin sehr, dann könnte das wieder zu anderen Abwehrreflexen führen.

Also, welche Variante sich dir auch immer bietet, ergreife die Chance, sei offen und lerne. Aber auf die Beziehung zu Kindern werde ich später noch einmal zu sprechen kommen. Lass uns erst einmal darüber reden, warum eine Familie nicht nur zu Ostern und Weihnachten, sondern auch die restlichen 363 Tage im Jahr ein Geschenk ist.

Ich beginne einmal mit dem Offensichtlichen: Wir alle brauchen Familie, ob uns das gefällt oder nicht. Sobald ein Kind gezeugt wird, ist es auf seine Umwelt angewiesen. In den ersten 40 Wochen seiner Existenz kann das Ungeborene nur dank seiner Mutter überleben. Und auch nach der Geburt geht es ähnlich weiter. Neugeborene begnügen sich nicht mehr damit, versorgt zu werden. Gibst du einem Säugling nur Nahrung und sorgst für seine Hygiene, wird er trotzdem sterben. Was er dringend zum Überleben benötigt, ist Zuwendung oder noch besser Liebe. Er braucht körperliche Nähe und Kuscheleinheiten. Auch uns Erwachsenen geht es ähnlich: Wir werden zwar nicht gleich sterben, wenn wir keine Zuwendung erhalten, aber wir erleiden so etwas wie einen seelischen Tod, wenn uns niemand Zuneigung schenkt. Außerdem brauchen wir andere Menschen. Nicht umsonst ist es eines der Merkmale in allen Kulturen der Welt, jemanden als nicht normal anzusehen, wenn er sozial isoliert ist. Wir Menschen sind eben keine Inseln und auf den Kontakt zu Mitmenschen angewiesen. Da liegt es doch nahe, sich dieses soziale Umfeld selbst zu schaffen, und zwar in Form einer Familie.

Wann ist aber eine Familie erfolgreich bzw. glücklich? Nachdem wir ja im letzten Kapitel das Scheitern unter die Lupe genommen haben, möchte ich nun über die Sonnenseite sprechen. Wann immer ich an meine Kindheit denke, gibt es etliche Bilder, aber viel mehr noch Stimmungen und Gefühle bzw. Bedeutungen, die diese Erinnerungen für mich haben und die mich auch mit zu dem gemacht haben, der ich heute bin. Mir ist klar, dass das Gedächtnis, das für die Erinnerungen zuständig ist – also das episodische Gedächtnis –, nicht sehr zuverlässig ist und somit der Vergangenheitsverklärung Tür und Tor geöffnet sind. Das geht so weit, dass es in Untersuchungen gelang, Menschen Dinge aus ihrer scheinbaren Vergangenheit einzureden, die so nie passiert sind. Doch das ist letztendlich nicht so wichtig. Schließlich wissen wir ja, dass wir uns alle unsere eigene Wirklichkeit kraft unserer Gedanken schaffen, durch die Art und Weise, wie wir die Ereignisse in unserem Leben wahrnehmen und welche Bedeutung wir ihnen geben. Man nennt das auch die kognitive Bewertung von Erlebtem. Dazu ein einfaches Beispiel: Wir alle wissen, dass Holz »atmet« – das heißt, dass es sich durch Temperaturschwankungen und unterschiedliche Belastungen zusammenzieht und ausdehnt. Deswegen ist es völlig normal, dass Holzböden knarren und knacken, auch wenn niemand sie betritt. Hörst du diese Geräusche, wirst du ihnen keine besondere Bedeutung beimessen. Hast du aber gerade einen packenden Horrorfilm gesehen, kann es passieren, dass du denselben Ereignissen eine ganz andere Kognition zuschreibst, und zwar aufgrund des zuletzt Erlebten, nämlich des Films. So wirst du das Knarren des Bodens auf einmal als mysteriös oder unheimlich empfinden und sogar Panik bekommen, dass jemand durch die Wohnung schleichen könnte, obwohl sich außer deiner Wahrnehmung nichts verändert hat. Deswegen spreche ich bewusst von Stimmungsbildern und Gefühlen als Symbolen für die Art und Weise, wie ich meine Kindheit aus meiner Perspektive erlebt habe. Entscheidend sind für mich die Merkmale einer erfolgreichen bzw. glücklichen Familie, die sich aus diesen Erinnerungen ableiten lassen.

Da gibt es zum Beispiel ein Bild von Behaglichkeit. Dabei geht es um das Gefühl, sich zu Hause zu fühlen, einen Platz zum Wohlfühlen zu haben, an dem man sich gern aufhält. Dazu habe ich etliche Bilder in meinem Kopf. Da ist zum einen das Bild vom Sonntagsmittagstisch, um den sich die ganze Familie versammelt hat, mit dem Duft von leckerem Essen, verbunden mit der Anwesenheit aller Familienmitglieder, und im Radio erklingen die Glocken irgendeiner regionalen Kirche. Oder es gibt die Erinnerung an ruhige Momente mit meiner Mutter. Wir sitzen gemeinsam am Küchentisch und gehen beide einer Beschäftigung nach. Sie arbeitet mit der Nähmaschine und ich spiele mit den verschiedenen Nähfüßen, die sie in einer Blechdose aufbewahrt, Autorennen. Dann wiederum sehe ich mich selbst auf einer Hollywoodschaukel mit knalligem Blumenmuster liegen und lasse die Seele baumeln oder lese ein Buch von Karl May. Es gibt außerdem das Bild von mir, wie ich mit ein paar Jahren auf der Schaukel im Garten sitze, ein Lied singe und einfach den Moment genieße. Zu guter Letzt darf natürlich Weihnachten nicht fehlen und das Bild, bei dem ich eine gefühlte Ewigkeit unter dem Christbaum liege, um die bunten Lichter im Baum zu betrachten. Das sind alles Bilder von Geborgenheit und Behaglichkeit, die mir mein Zuhause und meine Familie im Laufe der Jahre vermittelt haben.

Von der Geborgenheit ist es nicht weit zum Gefühl der Sicherheit, als weiteres Merkmal einer erfolgreichen Familie. Egal, ob es meine Eltern oder meine älteren Geschwister waren, es gab immer irgendwen, der mir das Gefühl gab, sicher zu sein. In meiner Kindheit waren wir häufig allein unterwegs, was auch für die anderen Kinder im Dorf galt. So war es durchaus möglich, dass es zu Auseinandersetzungen kam, von denen kein Erwachsener etwas wusste. In diesem Fall war ich froh, meine älteren Geschwister bei mir zu haben.

Wir hatten nicht nur ein Dach über dem Kopf, sondern sogar ein eigenes Haus, und wir hatten nie das Gefühl besonderer Entbehrung. Auch wenn meine Eltern gerade in unserer Kindheit mehr Schulden hatten als alle anderen und wir immer wieder mit gebrauchten Artikeln aus der Tauschzentrale ausgestattet wurden oder mein Vater in seiner Zeit als Müllmann Spielzeug nach Hause brauchte, das andere Leute weggeworfen hatten.

Wir Kinder wussten über vieles Bescheid, was die wirtschaftliche Situation der Familie betraf. Wir kannten sehr viele Geschichten über die Vergangenheit unserer Eltern, denn Ehrlichkeit und Authentizität war ein offen gelebter Wert in der Familie. Das soll nicht heißen, dass es nicht auch Schwächen gab. So war das Bedürfnis nach Harmonie ausgeprägter, was dazu führte, dass immer wieder Dinge unter den Teppich gekehrt wurden, die man hätte aussprechen können oder sollen. Andererseits waren meine Eltern wiederum sehr offen im Umgang mit ihrer Vergangenheit und unserer familiären Situation, erzählten uns viele Geschichten und teilten ihr Schicksal mit uns. So erfuhr ich zum Beispiel von der seelischen und körperlichen Grausamkeit, die meine Mutter erlebt hatte, und von der Armut und Gefühlskälte, der mein Vater als Kind ausgesetzt war. Wir kannten wichtige Punkte der Liebesgeschichte unserer Eltern und wussten, dass, wenn es darauf ankam, wir uns immer auf die Offenheit der Erwachsenen verlassen konnten. So erzählte uns unser Vater auch die Geschichte, in der er, um cool zu sein, als Jugendlicher Gläser aufgegessen hatte. Oder wir erfuhren von der sexuellen Zügellosigkeit der Erwachsenen, ausgelöst durch die Erfindung der Antibabypille, die Anfang der 1970er auf den Markt gekommen war, und, dass unsere Eltern bei all den Seitensprüngen nicht mitmachen wollten.

Werte, die meine Eltern immer hochhielten, waren Fairness und Gerechtigkeit. Sie versuchten, uns möglichst gleich zu behandeln und allen dasselbe zukommen zu lassen, auch wenn dies natürlich nicht möglich war. Mein Vater zum Beispiel besorgte all seinen drei Kindern einen fahrbaren Untersatz, um uns ein gewisses Maß an Unabhängigkeit zu garantieren; vor allem, wenn man bedenkt, dass mein Heimatdorf nicht gerade viele Möglichkeiten zur Freizeit- und Abendgestaltung anbot. Dies waren natürlich keine Luxusschlitten: Mein erstes Auto, das ich so wie manche Kleidungsstücke von meinem Bruder »geerbt« hatte, hatte umgerechnet 500 Euro (inklusive Winterreifen) gekostet. Aber wir wussten sein Bemühen zu schätzen, gerade weil nicht so viel Geld da war.

Wenn es um mein Selbstwertgefühl geht, fällt mir ein, dass ich nie das Gefühl hatte, jemand sein zu müssen, der ich nicht war. Ich kann mich auch nicht daran erinnern, negative Zuschreibungen oder gar Beschimpfungen von meinen Eltern gehört zu haben. Was ich auf jeden Fall weiß, ist, dass es unseren Eltern – so wie sehr vielen Eltern – sehr wichtig war, dass wir bessere Möglichkeiten im Leben haben sollten als sie. Gerade weil beide keine Matura hatten, war es ihnen umso mehr ein Anliegen, dass wir alle dieses Bildungsniveau erreichen würden; was uns schließlich allen dreien gelungen ist. Ich erinnere mich daran, wie stolz vor allem mein

Vater war, als ich sogar meinen Universitätsabschluss feiern konnte. Dieses feierliche Bild voller Freude und Stolz werde ich nie vergessen.

Wie meine Eltern es geschafft haben, dass meine Geschwister und ich sozial kompetent wurden, kann ich nicht genau sagen. Fest steht jedenfalls, dass wir heute alle mit Menschen arbeiten und sowohl meine Schwester als auch mein Bruder von vielen Leuten in ihrem Umfeld sehr geschätzt werden. Auch ich hatte nie Probleme, Freunde zu finden oder mit anderen Menschen klarzukommen. Vielleicht war es die Tatsache, dass wir von klein auf viel Autonomie genießen konnten, mit vielen Menschen zusammengekommen sind und verschiedenste Situationen zu meistern gelernt haben. Sobald wir alt genug waren, war es in unserer Familie immer selbstverständlich, dass wir in den Sommerferien in den verschiedensten Jobs gearbeitet haben. Ich war als Bauarbeiter, Versicherungsangestellter, Telefonist, Animateur, Pizzabote, Briefträger, Kassierer in einem Fast-Food-Restaurant, Musiker, DJ und Friseur tätig.

In dieser Hinsicht war mein Vater das Rollenmodell, der ebenfalls einiges ausprobiert hatte, bevor er Polizist wurde. Beide Eltern waren für uns immer Vorbilder, positive wie negative. Die aufrichtige Herzlichkeit und Liebe meiner Mutter war etwas, das mich sehr geprägt hat. Mein Bedürfnis nach körperlicher Nähe haben wir immer geteilt und es kam nicht nur einmal vor, dass wir uns zu fünft im elterlichen Bett wiederfanden. Und auch wenn mein Vater sich aufgrund seiner eigenen Kindheit mit körperlicher Zuwendung wie Umarmungen schwertat, so war er in anderen Dingen sehr wohl ein Vorbild für mich. Einerseits war er ein negatives Beispiel, wenn es um den Raubbau am eigenen Körper ging, aber eben auch ein positives Modell, zum Beispiel mit einigen seiner Einstellungen und Grundsätzen. Der Spruch meines Vaters: »Dienst ist Dienst und Schnaps ist Schnaps«, hat sich für uns beide als Weisheit erwiesen. So, wie er als Polizist auch mal mit jemandem etwas trinken gegangen ist, den er früher verhaftet hatte, so habe ich diesen Grundsatz auch für meinen Beruf als Lehrer sehr gut brauchen können. Denn die Beurteilung der Leistung von Schülern ist eine andere Sache als das persönliche Verhältnis zu ihnen. Es ist schön zu sehen, dass auch Schüler, die ich negativ beurteilen musste, das so sehen und wir unabhängig von der Note ein gutes Verhältnis haben können. Sie verstehen, dass die Bewertung ihrer schulischen Leistung nichts damit zu tun hat, wie ich sie als Mensch wahrnehme. Deswegen freuen sich auch jene Schüler, die bei mir durchfallen, wenn sie mich im nächsten Jahr wieder als Lehrer haben. Auch die Wissbegierde und Umtriebigkeit meines Vaters waren für mich faszinierend. So versuche ich bis heute, die besten Eigenschaften meiner Eltern in mir zu vereinen. Und gerade wenn es um Erziehung geht, komme ich immer wieder auf meine Mutter zurück, die mit dem Herzen denkt und authentisch und intuitiv oft genau das Richtige tut.

So ließ sie uns zum Beispiel viel Freiraum und Unabhängigkeit. Wir waren nicht selten den ganzen Tag unterwegs, ohne Aufsicht oder Kontrolle durch einen Erwachsenen. Das war natürlich hin und wieder gefährlich, aber die meiste Zeit war es einfach nur wunderbar für uns. Wir hatten die Möglichkeit, uns so zu entfalten, wie wir das wollten, und vieles auszuprobieren. So lernten wir schnell, unsere Probleme selbst zu regeln und Wege zu finden, Schwierigkeiten zu meistern. Mein Spielraum war praktisch das ganze Dorf. Außerdem gab es viele Spielkameraden, da ich das Glück hatte, vor dem »Pillenknick« geboren worden zu sein. Interessanterweise war es später mein Vater, der dafür sorgte, dass wir auch in der Jugend genügend Freiraum erhielten, und das nicht nur, wenn es um Ausgehzeiten ging. Als ich zum Beispiel das erste männliche Familienmitglied war, das mit einem gepiercten Ohr nach Hause kam, war meine Mutter sehr aufgebracht. Mein Vater dagegen beruhigte sie und meinte nur, wenn ich der Meinung war, unbedingt ein »Wuchtgewicht« im Ohr zu brauchen, sollte es so sein. Ein paar Wochen später hatte auch mein älterer Bruder ein Loch im Ohr.

An diesem Beispiel hängt auch das wichtigste Charakteristikum glücklicher Familien, das ich hervorheben möchte: Liebe und Unterstützung. Auch wenn mein Vater – im Gegensatz zu meiner Mutter – es nicht schaffte, seine Liebe in Form von körperlicher Zuwendung auszudrücken, so fand er zumindest andere Wege, die für mein Leben genauso bedeutsam waren. Generell gab und gibt es in meiner Familie einen Geist der gegenseitigen Wertschätzung und Unterstützung, der immer bemerkbar ist. Am besten kann ich diesen Umstand an meiner eigenen Schulkarriere darstellen. Nachdem ich neun Jahre lang nur die besten Noten und ausgezeichnete Erfolge nach Hause gebracht hatte, beschloss ich mit knapp 16 Jahren, dass ich genug hatte. Schule interessierte mich nicht mehr und die meisten Lehrer waren nicht gerade hilfreich, wenn es um meine Motivation ging. Ich hatte schnell einen Plan parat: Ich wollte in einem Plattenladen arbeiten. So etwas gab es damals noch, schließlich waren noch nicht einmal CDs auf dem Markt und MP3s gar nicht erfunden. Meine Noten und meine Anwesenheit ließen immer mehr zu wünschen übrig und irgendwann war die Krise virulent. Es war klar, dass etwas geschehen musste. Und genau zu diesem Zeitpunkt passierte das Wunderbare.

Es war ein wenig wie eine Intervention. Nur hat sich meine Familie schlauer angestellt. Sie kam nämlich nicht auf einmal, sondern es gab immer wieder Einzelgespräche mit Familienmitgliedern. Das Schöne daran war, dass ihr Anliegen aufrichtig und ehrlich war. Alle wollten mir vermitteln, dass es völlig okay wäre, wenn ich die Schule abbrechen würde, und auch, dass mein Berufswunsch legitim wäre. Trotzdem wollten mir alle nacheinander klarmachen, dass es in ihren Augen wirklich schade wäre, wenn ich aufgeben würde. Sie waren der Meinung, dass die Schule abzuschließen das Richtige für mich wäre, vor allem in Hinblick auf ein darauffolgendes Studium. Außerdem bemerkte ich, dass alle – vor allem meine Eltern – wirklich betroffen und traurig waren. Aber niemand machte mir Vorwürfe. Diese Anteilnahme überraschte mich total. Es war mir vielleicht zu diesem Zeitpunkt nicht bewusst, aber es war wahnsinnig schön zu bemerken, wie wichtig mein Schicksal für die anderen in der Familie war. Und deshalb gab ich auch nach. Besser kann man es nicht bezeichnen. Denn was folgte, war alles andere als glorreich. Ich nahm mir zwar vor, die Schule abzuschließen, aber mein Handeln konnte mit den Vorsätzen bei Weitem nicht mithalten. So hatte ich in der siebten Klasse bereits eine Wiederholungsprüfung und musste die achte Klasse sogar wiederholen. Und frag mich nicht nach meiner Reifeprüfung. Dabei ging alles schief, was nur schiefgehen konnte. Aber ich gab aufgrund der Unterstützung meiner Familie nicht auf und letztendlich hielt ich mein Maturazeugnis in meinen Händen.

Auch wenn ich – egal, wie meine Familie damals reagiert hat – sowieso dort stehen würde, wo ich jetzt stehe, wäre mein Weg viel beschwerlicher geworden. Außerdem bin ich heute dankbar und gerührt bei dem Gedanken daran, wie sich alle um mich bemüht haben. Und das werde ich allen – obwohl es bald 30 Jahre her ist – nie vergessen. Das Verhalten meiner Familie hatte für mich sogar mehr Bedeutung als der Schulabschluss. Dieses Erlebnis hat mich auch in der Art und Weise geprägt, wie ich versuche, als Lehrer zu sein. Ich würde nie einen Schüler aufgeben und ich sehe stets den Menschen zuerst, der sich immer wieder eine neue Chance verdient hat, bis er hoffentlich bereit ist, seinen Weg tatsächlich zu gehen.

Meine Familie war und ist nicht perfekt. Aber abgesehen davon, dass keine Familie Perfektion für ihr Glück braucht, wollte ich anhand meiner eigenen Geschichte zeigen, dass es möglich ist, als Familie erfolgreich und glücklich zu sein, selbst wenn du nicht Mitglied einer Bilderbuchfamilie bist, die nach außen hin alles zu bieten hat.

5

Geschwisterherz – Geschwisterschmerz

Die Beziehung unter Geschwistern scheint genauso ambivalent zu sein wie unsere Beziehung zu Familien im Allgemeinen. Wir alle wollten so schnell wie möglich einen Bruder oder eine Schwester, um sie dann, sobald wir sie hatten, schleunigst zum Teufel zu jagen. Und um die Sache noch ein wenig komplizierter zu gestalten, haben wir es gleich mit zwei verschiedenen Geschwisterbeziehungen zu tun.

Unsere Geschwister

Das sind zuerst einmal unsere Geschwister aus unserer Herkunftsfamilie. Wenn du ein Einzelkind bist, betrifft dich das hier nicht unmittelbar. Vielleicht geben dir diese Zeilen aber dennoch Aufschluss über die Geschwisterbeziehung deiner Kinder.

Dass die Beziehung zu unseren Geschwistern nicht so einfach ist, wissen wir bereits aus der Bibel, in der das erste Geschwisterpaar der Menschheitsgeschichte nicht gerade ein rühmliches Ende gefunden hat. Auch wenn die Geschichte von Kain und Abel nicht als Rollenmodell taugt, so kann sie uns zumindest lehren, dass die emotionale Beziehung zwischen Brüdern – und genauso zwischen Schwestern oder zwischen Brüdern und Schwestern – von großer Bedeutung ist. Egal, wie wir die Bindung zu unseren Geschwistern einschätzen, wir stehen ihr mit großer Wahrscheinlichkeit nicht neutral gegenüber. Denn selbst wenn du keinen Kontakt mehr zu deinen Geschwistern hast, hat das meist emotionale Ursachen.

Immerhin ist es mit der Herkunftsfamilie ja so, dass wir sie nicht mehr loswerden, selbst wenn wir uns örtlich Tausende Kilometer von ihr entfernen. So wie deine Eltern immer deine Eltern bleiben werden, bleiben auch deine Geschwister immer deine Geschwister. Sogar die Rolle, die wir in der Geschwisterkonstellation einnehmen, scheint sich nicht zu ändern, selbst wenn wir erwachsen sind. So bin ich zum Beispiel immer »der Kleine« in meiner Familie geblieben, und das, obwohl ich nicht nur schon längst kein Kind mehr bin, sondern obendrein seit vielen Jahren tatsächlich körperlich alle überrage.

Somit sind wir mitten im vieldiskutierten Thema: die Geschwisterreihe. Es macht eben einen Unterschied, ob du als Erstes in eine Familie geboren wurdest oder als Letztes oder irgendwo in der Mitte. Andererseits werden dir alle, die du fragst, unabhängig von ihrem

Platz in der Rangordnung, mit ziemlicher Sicherheit erzählen, wie arm sie nicht waren.

Die Erstgeborenen sind meist diejenigen, die immer in die Pflicht genommen wurden, die die ganze Last der Verantwortung zu tragen hatten. Sie mussten sich all jene Privilegien hart erkämpfen, die dann ihre jüngeren Geschwister so undankbar als selbstverständlich und gottgegeben betrachtet haben.

Aber auch die Kinder der Mitte – die »Sandwichkinder« – haben einiges zu beklagen. Schließlich wurden sie häufig »übersehen«, nachdem sie ja nicht die Ersten waren, aber auch nicht die Letzten. So mussten sie ständig einer Anerkennung nachlaufen, die ihnen scheinbar immer wieder verwehrt blieb.

Zu guter Letzt haben wir noch die Kleinsten, die »Nesthäkchen«, denen der Ruf folgt, dass sie ein »gemachtes Nest« vorgefunden hätten. Wenn du aber einen von ihnen fragst, werden sie dir beteuern, wie furchtbar es war, nicht das tun zu dürfen, was den Älteren erlaubt war, abgetragene Kleidung anziehen zu müssen und von ihren lieben Geschwistern immer wieder auf die Schaufel genommen zu werden.

Diese Wehklagen sind natürlich ein Ausdruck dafür, dass wir alle das Bedürfnis haben, als Individuum wahrgenommen zu werden. Dabei wissen wir es alle doch eigentlich besser: Erst wenn wir zusammenhalten, wenn wir co-kreieren, sind wir unschlagbar. Geschwister, die das verstanden haben, lassen ihre Eltern im Generationenkonflikt wahrlich alt aussehen. Noch besser funktioniert dieses Prinzip im gemeinschaftlichen Flow, auch Spiel genannt. So sehe ich noch heute unsere Kinderbeine zwischen den offenen Treppen unseres kühlen Vorzimmers baumeln. Meine Finger versuchen, die Wählscheibe des grauen Plastiktelefons zu bedienen, um ein wichtiges Gespräch zu führen. Über und unter mir sitzen meine Geschwister und sind ebenso mit bedeutenden Bürotätigkeiten beschäftigt, wie dem Stempeln von Dokumenten. Wenn wir zu dritt nach draußen gegangen sind, um uns mit Freunden zu treffen, wusste ich, unabhängig von allen Streitereien und wie oft meine lieben Geschwister dafür gesorgt hatten, mein Image als Heulsuse zu fördern, dass ich mich unter anderem zu hundert Prozent auf die Loyalität, die Liebe und den Schutz meines Bruders und meiner Schwester verlassen konnte.

Diese Beziehung ist, was Bestand hat. Nur gibt es heute keine Alltagsstreitigkeiten mehr, weil wir dazu räumlich zu weit voneinander entfernt leben. Dies führt natürlich dazu, dass wir uns nicht so oft sehen. Gleichzeitig wissen wir genau, dass wir immer aufeinander zählen können. Wenn wir einander brauchen, sind wir füreinander da, mit Wort und Tat. Niemand von uns dreien müsste auf der Straße leben, denn wir würden unser Heim für die anderen zur Verfügung stellen.

Nun denkst du dir vielleicht: »Das ist ja schön für dich. Nur bei mir sieht das ganz anders aus.« Das mag ja schon sein. Was ich eben mit dem Beispiel meiner Familie zeigen wollte, ist die Schönheit von Geschwisterbanden. Das soll aber nicht heißen, dass ich nicht weiß, dass es Menschen gibt, die keine Geschwister haben, die mit ihren Geschwistern keinen Kontakt haben oder gar nichts mit ihnen zu tun haben wollen; oder sich noch immer mit ihnen im Dauerstreit befinden, ganz so wie in Kindertagen.

Was wir alle irgendwann anerkennen oder als Menschen verstehen dürfen, ist die Tatsache, dass wir alle verbunden sind. Bei Geschwistern ist dieses Band naturgemäß intensiver und stärker. Was wir auch aus der Kommunikationspsychologie von Paul Watzlawick wissen, ist die Erkenntnis, dass wir nicht nicht kommunizieren können. Das bedeutet, dass, selbst wenn du mit einem anderen Menschen nicht sprichst, du mit ihm kommunizierst, resultierend aus dem bloßen Bewusstsein seiner Anwesenheit. Diesen Umstand kannst du analog auf die Beziehung zu deinen Geschwistern anwenden. Schon die Existenz dieser, dein Wissen um eure genetische Verwandtschaft und die geteilten Erfahrungen, die wiederum deine eigene Existenz begründen, begründen eine Beziehung zu ebendiesen Geschwistern.

Wenn du zum Beispiel den Kontakt zu deinem Bruder beendet hast, dann ist das auch eine Form von Beziehung und gleichzeitig Kommunikation mit ihm. Berücksichtigst du noch den Umstand, dass die Botschaft, die du sendest, umso schwieriger zu entschlüsseln ist, je unklarer sie ist, gibst du deinem Bruder viele Möglichkeiten, sie so zu interpretieren, wie er gerade möchte. So könnte er sich denken: »Ich bin ihm/ihr egal«, »Er/sie möchte nichts mit mir zu tun haben«, oder aber auch: »Er/sie hat gerade andere Prioritäten in seinem Leben«, bis hin zu: »Auch wenn wir uns nicht hören, kann das nichts an unserer Beziehung verändern.« Du siehst, obwohl du den offiziellen Kontakt beendet hast, kann es sein, dass du rege mit deinen Geschwistern kommunizierst, selbst wenn es dir nicht einmal bewusst ist.

Wenn du außerdem bedenkst, dass es niemandem von uns gleichgültig ist, wie wir von unserer Umwelt gesehen werden, geschweige denn von unserer Familie, kannst du natürlich so tun, als wärst du der einzige Mensch auf der Welt, der tatsächlich eine Insel ist. Oder aber du nutzt die Chance, dir etwas Gutes zu tun, indem du der Beziehung zu deinen Geschwistern einen zumindest kleinen Platz in deinem Leben einräumst, durch gelegentliche Nachrichten, Anrufe oder sogar Besuche. Du wirst überrascht sein, wie viel du über dich selbst lernst, indem du dich für deine Geschwister öffnest.

Solltest du allerdings in deiner Beziehung zu deinen Geschwistern eher mehr Parallelen zu Kain und Abel finden als zu Hanni und Nanni, empfehle ich dir, direkt in Kapitel 7 weiterzulesen, um dann wieder an diese Stelle zurückzukehren.

Wenn du vorgeblättert hast, weißt du sicher, worauf ich hinauswill. Natürlich ist es weder dein Bruder noch deine Schwester oder sonst jemand, gegen die du einen Groll hegst, die du verachtest. Es sind jene Seiten an deinen Geschwistern, die dich erinnern oder dazu bringen, dich selbst als ungenügend, als nicht liebenswert zu erachten. Du bist nicht überzeugt? Okay, dann gehen wir das an einem Beispiel durch.

Sagen wir, du hattest immer schon eine eher distanzierte Beziehung zu deiner Schwester, weil du seit deiner Kindheit das Gefühl hattest, dass sowohl euer Charakter als auch eure Interessen sich grundlegend unterscheiden. Aus diesem Grund siehst du deine Schwester nur mehr zu »Pflichtanlässen«, also Familienfeiern, bei denen ihr beide eingeladen seid und die ihr auch beide wahrnehmen müsst, wenn ihr euch Diskussionen mit euren Eltern ersparen wollt. Aber weder damals noch heute suchst du das Gespräch mit deiner Schwester noch erweckt sie den Eindruck, als würde sie gerne mit dir sprechen. Wenn es zu kurzen Gesprächen kommt, gibt es nach relativ kurzer Zeit Andeutungen bzw. Hinweise auf die gegenseitige Geringschätzung des anderen oder ihr begnügt euch mit Small Talk über das Wetter. Das hat damit zu tun, dass all deine Erinnerungen an eure Kindheit von Demütigungen und Kränkungen geprägt sind. Nur kannst du jetzt, wo ihr nicht mehr unter einem Dach wohnt, solchen Situationen aus dem Weg gehen oder sie zumindest kontern. In so einem Fall könntest du geneigt sein zu denken, dass es nicht von Bedeutung ist, wie du zu deiner Schwester bzw. sie zu dir steht. Schließlich habt ihr beide euer eigenes Leben.

Nun möchte ich auf meine ursprüngliche These zurückkommen, dass es ja um dich geht. Damit meine ich, dass die Verweigerung, dich mit deiner Schwester auseinanderzusetzen, eigentlich gegen dich selbst gerichtet ist, und zwar gegen jene Anteile, die du an dir selbst nicht magst und die von deiner Schwester gespiegelt werden. Sollte deine Schwester dich als Kind schlecht behandelt haben, hat es dich natürlich gekränkt und verletzt. Kein Mensch möchte geringgeschätzt werden. Und nun magst du denken, dass es nur fair ist, dass du dasselbe tust, außerdem hast du das Gefühl, dass sich deine Schwester absolut nicht geändert hat. Logisch! Da gebe ich dir recht. Aber nun meine Frage: Geht es dir gut damit? Denk jetzt nicht sofort Sätze wie: »Ist mir doch egal.« Denn da sind wir schon beim nächsten Selbstbetrug. Wenn es dir nämlich tatsächlich gleichgültig wäre, hättest du ja schon längst kein Problem mehr damit, auf deine Schwester zuzugehen. Wie wir die Sache auch drehen und wenden, letztendlich geht es um Beachtung und Wertschätzung.

Natürlich kommt jetzt von dir die Frage: »Aber was hat die mangelnde Wertschätzung meiner Schwester mit mir zu tun?« Der Punkt ist der: Wenn du noch immer emotionale Vorbehalte deiner Schwester gegenüber hegst, bedeutet das, dass du, unabhängig von der Absicht deiner Schwester, verinnerlicht hast, dass sie recht hat, oder zumindest, dass du dir deines Wertes nicht sicher bist. Damit bist du in guter Gesellschaft. Denn wenn du von deiner Großartigkeit und Einzigartigkeit überzeugt bist, perlt jede Geringschätzung von dir ab, als wärst du mit Teflon beschichtet. Du wirst in diesem Fall sogar noch eines drauflegen können und deiner Schwester die Wertschätzung entgegenbringen, die sie als Mensch – so wie jeder andere auch – verdient hat. Das Resultat wird dich überraschen. Selbst wenn deine Schwester nicht so weit ist, dass sie deine Wertschätzung annehmen kann, du selbst wirst diese Befreiung und die Macht der positiven Wirkung deiner Öffnung genießen und erleben, wie sie dich verändert, auf eine Weise, die dir nur guttut.

Du siehst, deine Geschwister haben einen wesentlichen Einfluss auf dein Leben, wie auch immer eure gemeinsame Geschichte verlaufen sein mag. Und wenn du bereit bist, von diesem zusammen zurückgelegten

Weg über dich selbst zu lernen, wirst du schnell bemerken, wie wunderbar das Geschenk ist, Geschwister zu haben. Ihr werdet nicht nur schöne Stunden miteinander verbringen, sondern zudem viel über euch selbst lachen können. Die Frage, die sich mir und vielen Eltern stellt, lautet: »Wie kann ich wiederum meine eigenen Kinder dabei unterstützen, eine möglichst gute Beziehung zueinander zu haben?«

Unsere Geschwisterkinder

Den meisten Eltern ist aus ihrer eigenen Geschichte bewusst, wie viele Konflikte es zwischen Geschwistern geben kann. Aber irgendwie hat sich heutzutage der Gedanke in unsere Gehirne eingeschlichen, dass wir alles richtig machen und möglichst liebevoll sein müssen, dann gibt es keinen Streit zwischen unseren Kindern. Dieses Hirngespinst widerspricht nicht nur allen Regeln menschlichen Zusammenlebens, sondern auch allen Formen der gesunden Kommunikation. Viele von uns wissen das, trotzdem gibt es irgendwo die Hoffnung, den geheimen Elterncode zu knacken. Das Ganze erinnert ein wenig an Spielsüchtige, die wissen, dass letztendlich die Bank gewinnt, und trotzdem immer wieder mit einem »neuen System« die Gesetze der Wahrscheinlichkeit beim Roulette außer Kraft setzen wollen.

Eigentlich wäre unser Bemühen um »konfliktfreie« Geschwisterkinder als Eltern ja fast rührend. Leider stellt es aber einen ursächlichen Faktor für unser Empfinden dar, dass Kinder zu haben auch stressbehaftet, frustrierend und ermüdend ist. Deswegen ist es an der Zeit, dass wir die Verhältnisse umkehren. Du hast nämlich einen mächtigen Verbündeten bei der Hand, der dich nie im Stich lässt: dein Gehirn. Dein Geist tut alles, was du ihm sagst. Wenn du ihm jeden Tag mitteilst, dass dein Dasein als Elternteil furchtbar und anstrengend ist und dass die ewige Streiterei deiner Kinder nicht auszuhalten ist, wird genau diese Botschaft nach einer gewissen Anzahl an Wiederholungen in deinem Gedächtnis als Tatsache abgespeichert. Nach ungefähr 30 Tagen negativer Programmierung hast du genau das, was du deinem Geist befohlen hast: Dein familiärer Alltag ist die Hölle auf Erden und jeder Streit deiner Kinder bestätigt dies nicht nur, es wird sogar zunehmend schwerer für dich, das Ganze zu ertragen.

Wenn du aber der Tatsache Rechnung trägst, dass die Feststellungen über dein Familienleben beliebig austauschbare Annahmen sind, kannst du einfach beginnen, deinen Geist neu zu programmieren. Sätze wie »Ich bin eine wunderbare Mutter, ein großartiger Vater« oder »Konflikte und Streit sind Ausdruck unserer Liebe zueinander« erscheinen in diesem Zusammenhang wesentlich konstruktiver und hilfreicher für dein Wohlbefinden. Das Ganze hat auch nichts mit Leugnen oder positivem Denken à la »rosarote Brille« zu tun, sondern es handelt sich vielmehr um eine andere Perspektive, eine alternative Interpretation der Welt.

Alles, was in deinem Leben passiert, ist weder gut noch schlecht, sondern Dinge passieren einfach. Erst wir sind es, die diesen Ereignissen eine Bedeutung im Kontext unseres Lebens geben. Damit meine ich Folgendes: Sind Geschwisterstreitigkeiten zuweilen nervenaufreibend? Ja, natürlich. Aber sind sie auch Ausdruck einer Zuneigung zweier Heranwachsender auf der Suche nach ihrem Platz in der Welt? Und ob.

Du siehst, alles, was dir in deinem Elterndasein widerfährt, lässt viele mögliche Interpretationen zu. Es hängt nur von dir ab, welche du wählst. Denn dass wir uns alle Geschichten erzählen, ist eine allzu menschliche Tatsache, die stattfindet. Doch du hast es in der Hand, ob du dir etwas erzählst, das dir hilft, dein Leben erfolgreicher und glücklicher für dich und deine Kinder zu gestalten, oder ob du eher das Gegenteil bewirken möchtest.

Nun stellt sich noch die Frage, welche Handlungen im Umgang mit Geschwisterkonflikten hilfreich und sinnvoll erscheinen. In diesem Zusammenhang möchte ich nochmals den Kern unseres Daseins als Eltern in Erinnerung rufen. Wir wollen doch alle, dass wir unsere Kinder unterstützen, ihr eigenes Leben mit Freude und Verantwortung gehen zu können. Somit ist es logisch, dass die Quantität unserer Interventionen reziprok im Verhältnis zum Alter deiner Kinder abnimmt. Anders formuliert: Je älter deine Kinder sind, desto weniger brauchen sie dich dafür, ihnen zu sagen, was sie tun sollen. Und nein, es gibt keine verbindlichen Richtlinien. Du hast, wenn du mehr als ein Kind hast, sicher schon bemerkt, wie unterschiedlich diese zwei Menschen bereits sind. Und so verhält es sich auch mit ihrer Entwicklung. Obwohl wir alle sehr ähnlich ticken, haben wir alle unsere eigenen Zugänge, Geschwindigkeiten und Muster, die nur Personen verstehen, die uns gut genug kennen. So gesehen kann ich dir nur empfehlen, liebevoll an deinen Kindern dranzubleiben, sie gleichwürdig wertzuschätzen und auf ihre Rückmeldung zu achten. Wenn du ein liebevolles Verhältnis voller Vertrauen zu deinen Kindern hast, werden sie dir ohnehin mitteilen, was sie brauchen; selbst wenn ihr nicht immer einer Meinung seid. Langer Rede kurzer Sinn: Weniger ist mehr. Einerseits wäre es schon sehr hilfreich, wenn du auf deine eigene Konfliktkultur achtest, vor allem im Umgang mit deiner Familie. Diese Vorbildwirkung ist bereits sehr viel. Andererseits kannst du deine Kinder durch deine Präsenz unterstützen. Damit meine ich, dass sie wissen, dass du da bist, wenn sie dich brauchen. Ansonsten würde ich dir eher empfehlen, nur einzuschreiten, wenn es zu Gewalt kommt.

Erst letztens erlebte ich mit meinen Kindern eine Situation, die unterstreicht, was ich meine. Wir waren mit dem Auto unterwegs und mein Sohn und meine Tochter saßen angeschnallt in ihren Kindersitzen auf der Rückbank (wer hätte gedacht, dass Kindersitze nicht nur vor Unfällen schützen, sondern auch ein wenig vor Attacken von Geschwistern). Es kam, wie es kommen musste. Beide griffen auf ihr übliches Repertoire an konditionierten Verhaltensweisen zurück. Der ältere Bruder weiß genau, dass aufgrund seiner Situation jede Form der Gewalt tabu ist und er mehr oder weniger subtile Methoden der Provokation wählen muss, um seine kleine Schwester auf die Palme zu bringen. Diese wiederum kennt als jüngeres Mädchen keinerlei Beschränkungen in ihrer Reaktion, um ihre altersbedingte Benachteiligung zu kompensieren. Das Prozedere ist jedes Mal ähnlich: Er beginnt, sie verbal zu provozieren, manchmal sogar unbeabsichtigt. Sie reagiert mit zunehmender Lautstärke und Emotionalität. Das bedeutete in diesem Fall für meine Partnerin und mich: Wir befanden uns in Eskalationsstufe 1. Natürlich war das nicht gerade angenehm für uns alle. Schließlich befanden wir uns auf sehr engem Raum. Trotzdem waren wir beide uns einig, dass wir nicht eingreifen wollten. Schließlich wussten beide Kinder (zu diesem Zeitpunkt sechs und zehn Jahre) um ihr Verhaltensmuster und das der anderen. So dauerte es nicht lange, bis Eskalationsstufe 2 erreicht war: Soll heißen, die kleine Schwester attackierte den großen Bruder tätlich (Kratzen bevorzugt). In diesem Fall entschieden sich beide Geschwister für die Opferrolle, um mögliche erwachsene Hilfe auf jeweils die eigene Seite zu ziehen: Beide weinten lautstark im Kleinkindmodus. Wir warteten trotzdem noch ab, weil wir erstens eben keine Partei ergreifen wollten und zweitens die physische Gewalt wieder so schnell verschwunden, wie sie gekommen war. So blieb den Kindern nichts anderes übrig, als weiter zu weinen. Doch irgendwann wurde es ihnen doch zu dumm, und sie begannen miteinander zu kommunizieren. Letztendlich entschuldigten sie sich beide sogar mit tränenerstickter Stimme beieinander. Und dann folgte etwas Interessantes: Sie verbündeten sich und warfen uns vor, dass wir sie in dieser Situation allein gelassen hätten, weil wir nicht früher interveniert hatten. Uns war klar, dass die Botschaft eigentlich war: »Warum habt ihr nicht Partei für mich ergriffen?« Deswegen machten wir ihnen klar, dass wir uns freuten, wie erfolgreich sie es geschafft hatten, diesen Konflikt so liebevoll und friedlich zu beenden. Und auch wenn sie uns natürlich nicht zustimmten, waren wir froh, dass wir der Versuchung einzugreifen, widerstanden hatten.

Du siehst, unsere Kinder haben mehr an Kompetenz, selbst zu handeln, als wir ihnen aufgrund gesellschaftlicher Trends oft zutrauen. Das soll natürlich nicht bedeuten, dass wir sie nicht unterstützen sollen, mit dem Prozess, zunehmend Verantwortung zu übernehmen, klarzukommen. Was du auf jeden Fall tun kannst, ist, dein Kind dabei zu unterstützen, Gefühle zu benennen und zu verstehen, indem du zuerst aktiv zuhörst und dann deinem Kind hilfst, in einer angemessenen Sprache zu verstehen, was in ihm vorgeht. Aktives Zuhören heißt in diesem Zusammenhang, dass du das, was dir dein Kind mitteilt, in eine klare und vielleicht sogar verständlichere Sprache übersetzt, sodass ihr euch gemeinsam sicher sein könnt, was eigentlich das Anliegen deines Sprosses ist.

Wenn zum Beispiel deine fünfjährige Tochter zu dir sagt: »Ich hasse Lisa!«, könntest du sagen: »Du ärgerst dich über Lisa!« Anschließend wird dir deine Tochter zustimmen und ihr könnt den Grund für ihren Ärger besprechen, oder sie sagt zum Beispiel: »Nein, ich bin traurig. Sie hat mich nicht mitspielen lassen.« Und schon wird deiner Tochter und dir klarer, was wirklich los ist. Oft reicht es deinem Kind schon, wenn es Gefühle artikulieren und verstehen durfte. Oder es sucht wirklich nach einer Lösung und du kannst es dabei unterstützen. Auf jeden Fall siehst du, dass dich, wenn du sensibel und unterstützend an die Situation herangehst, deine Kinder sehr wohl brauchen. Und das gilt auch noch für Jugendliche.

Das Schöne an der Geschwisterkonstellation ist, dass ein Bruder oder eine Schwester sich bestens als Zuhörer eignen. So gewinnen alle Beteiligten, auch du. Denn du kannst dich als Elternteil über die Beziehungsqualität deiner Kinder freuen und außerdem weißt du, dass deine Kinder dich sogar entlasten können. Letztendlich könnte es so weit kommen, dass dein jugendlicher Sohn dir zuhört und dir vielleicht einen guten Rat gibt. Wenn du deine Kinder stets gleichwürdig und respektvoll behandelt hast, wird euch beiden diese Situation nicht ungewöhnlich, sondern im Gegenteil als normale Entwicklung erscheinen. So frage ich zum Beispiel immer wieder meine Kinder, was sie in meiner Situation tun würden, wenn sie sich heftig gegen ein mir wichtiges Anliegen wehren. Denn entweder sie haben wirklich eine gute Idee, die mir eine neue Perspektive aufzeigt, oder sie merken, dass ich als Vater keine andere Wahl habe.

Kommen wir jedoch wieder zu unseren Geschwisterkindern zurück. Es gibt ja auch noch dieselben positiven Aspekte, die wir bereits bei unseren Geschwistern besprochen haben. An oberster Stelle steht natürlich das Erlebnis der Gemeinschaft. Nicht nur das gemeinsame Spiel, sondern einfach die Gewissheit, immer Menschen in deiner Nähe zu haben, gibt dir ein Gefühl der Sicherheit. Geschwisterkinder erlernen blitzschnell wichtige soziale Kompetenzen, von denen sie ein Leben lang profitieren können. Durch ihre Geschwister können unsere Kinder verstehen, was es bedeutet, Mensch zu sein. Noch dazu unter Mitmenschen, die dich besser kennen als irgendwer sonst.

Letztendlich können Geschwister uns helfen, vom Leben zu lernen. Vorausgesetzt natürlich, wir sind bereit, die Lektionen anzunehmen. Du hast als Elternteil sicher bemerkt, dass jedes zusätzliche Kind deine Fähigkeit, mit den Herausforderungen der Erziehung umzugehen, auf eine neue Ebene setzt. Habe ich gerade das Wort »Erziehung« benutzt? Du meinst, das ist doch nicht außergewöhnlich? Warum es das für mich schon ist und warum ich den Begriff lieber aus unserem Wortschatz streichen möchte, erkläre ich dir im nächsten Kapitel.

6

Am Anfang steht das Ende

Vor bereits über 30 Jahren hat Hermann Giesecke es gewusst und davon geschrieben. In seinem Buch »Das Ende der Erziehung« war er seiner Zeit voraus. Das ist wahrscheinlich auch der Grund, warum es – außer in Fachkreisen – keinen nennenswerten Widerhall gefunden hat. Mich hat das Thema jedoch immer schon beschäftigt und seit ein paar Jahren lässt es mich nicht mehr los. Und als auch noch Jesper Juul sich eindeutig positioniert hat, habe ich mir gedacht, dass es für mich Zeit ist, Farbe zu bekennen. Und das tue ich jetzt und hier. Ich bin – wie meine prominenten Vorreiter – davon überzeugt, dass es längst überfällig ist, dass wir die Erziehung als die Art und Weise, wie wir unseren Kindern begegnen, endgültig entsorgen und fallen lassen sollten. Doch bevor ich dir erklären kann, warum wir nicht erziehen sollen und was stattdessen passieren soll, muss ich ein wenig ausholen.

Der Historiker Philippe Aries hat in seiner »Geschichte der Kindheit« auf eindrucksvolle Weise gezeigt, dass die Kindheit erst seit der Aufklärung als beachtenswerter Lebensabschnitt existiert und das Jugendalter überhaupt erst im 20. Jahrhundert postuliert wurde. Kindheit oder Jugend als beachtenswerte Lebensabschnitte waren nicht vorhanden. Kinder und Jugendliche wurden einfach als unfertige Erwachsene gesehen, auf die man auch keine Rücksicht nahm. Erst durch die Ideen der Aufklärung gab es ein Umdenken und spätestens im 19. Jahrhundert wurden Kinder erst als solche gesehen und beachtet. Dies hat auch dazu geführt, dass erst ab dieser Zeit auf Kinder Rücksicht genommen wurde oder gar über Rechte der Kinder nachgedacht wurde. Deswegen war und ist diese Einteilung sinnvoll und notwendig. Unglücklicherweise ist im 20. Jahrhundert einiges schiefgelaufen. Die Idee, Kinder und auch Jugendliche vor Ausbeutung und Missbrauch zu schützen, ist sicherlich die größte Errungenschaft des vorigen Jahrhunderts. Und das hat ohnehin lang genug gedauert. Schließlich sind die Rechte der Kinder und ihre Unantastbarkeit erst Ende des 20. Jahrhunderts in Verfassungsrang gehoben worden.

Offiziell durften Kinder somit nicht mehr verdinglicht werden. Bevor ihnen nämlich ihre eigenen Rechte eingeräumt wurden, hatten sie eigentlich den Status eines Objektes oder Besitzes. Erwachsene durften mit Kindern tun und lassen, was sie wollten. Sie wurden als Menschen nicht wirklich wahrgenommen. Den Kindern in ihrer Entwicklung gerecht zu werden und sie richtig zu fördern, wurde nun aber zum zentralen Thema in der Erziehung. Dabei passierten leider schon die ersten Hoppalas. Die Kindheit wurde zunehmend vom Rest des Lebens abgeschirmt und als geschützter Bereich von der Realität ausgeblendet. Ausgehend von den gut gemeinten Ideen der sogenannten Reformpädagogen des ausgehenden 19. Jahrhunderts kam es bis heute zu einer Art »Montessorisierung« der Erziehung, vor allem im institutionalisierten Bereich. So wurde aus den berechtigten Forderungen nach mehr Gerechtigkeit für Kinder eine Welt der Kindgerechtheit und diese konnte ihre Versprechen wirklich nicht halten. Denn aus der ursprünglich lobenswerten Idee, Kinder aus den Fängen der schwarzen Pädagogik zu befreien, wurde eine fragwürdige Geisteshaltung, die den Kindern eine überhöhte Rolle zuschrieb, der sie nie und nimmer gerecht werden konnten. So wurde aus der positiven Grundhaltung allen Kindern gegenüber schnell ein Wettlauf um die möglichen Wunderkinder der Zukunft. Wenn alle Kinder potenziell Genies werden können, wollen alle Eltern ihnen auch die Chance ermöglichen, dies umzusetzen. So kommt durch die Hintertür sehr schnell der Wettbewerb als Druck für die ganze Familie hinzu. Auch die Erwachsenen tun sich zunehmend schwer damit, obwohl sie allen Institutionen, die Alternativprogramme versprechen, die Türen einrennen; nur traut sich das niemand auszusprechen. Das führt zu so absurden Auswüchsen, dass in Kindergärten Pädagoginnen großteils auf kleinen Kindersesseln sitzen müssen, geplagt von zunehmenden Rückenbeschwerden.

Wenn die Kindgerechtheit den Kindern wenigstens mehr Freiräume und Unabhängigkeit gebracht hätte, wäre ja zumindest etwas gewonnen worden. Doch auch hier kommt es leider zu immer groteskeren Zuständen. Denn dadurch, dass uns die Kinder so sehr am Herzen liegen, müssen wir sie ja beschützen. Das führt nicht nur dazu, dass Kinder sogar schon auf dem Laufrad sitzend einen Helm tragen müssen (und da gäbe es noch Spielraum – ich sage nur: »Kinderwagen«). Sie werden auch noch möglichst lückenlos zwangsüberwacht, was wiederum besonders in Bildungseinrichtungen sehr gut zu beobachten ist. Eine Volksschullehrerin darf zum Beispiel heutzutage keine Minute ihrer Zeit außerhalb des Klassenraumes verbringen. Selbst wenn sie zur Toilette muss, holt sie sich jemanden, der sie in ihrer Aufsicht vertritt. Und glaube mir, ich würde dir jetzt gerne sagen, dass ich maßlos übertreibe.

Wir sind zur »Helikoptergesellschaft« mutiert, in der immer ein verantwortlicher Erwachsener über unseren Kindern kreist, um sie zu überwachen. Natürlich trifft dieser Befund nicht auf alle zu, aber traurigerweise geht unsere Gesellschaft eindeutig in diese Richtung, was eben vor allem in Bildungseinrichtungen sehr gut zu beobachten ist. Der schlimmste Aspekt dieser Totalüberwachung ist der Umstand, dass Kinder oft keinerlei Freiräume für sich vorfinden und sich kaum mehr unbeobachtet von den Blicken Erwachsener entfalten können. Im Prinzip gleicht dieser Zustand einer Entmündigung. Nun kannst du natürlich einwenden, dass Kinder ohnehin noch nicht mündig sind. Und das ist genau einer der größten Fehler, den die kindgerechte Gesellschaft begeht: Sie nimmt ihre Kinder einfach nicht ernst beziehungsweise sie respektiert sie nicht.

Die unantastbare Würde, die jedem Menschen zusteht, wird nicht geachtet und so kommt es, dass Kinder häufig auf ihre Funktionalität reduziert werden. Die ist wiederum vor allem in Schulen sehr stark zu beobachten. Gerade Standards und sogenannte Kompetenzen und Portfolios leisten eigentlich nur einem Ansinnen Vorschub, nämlich junge Menschen auf Merkmale ihrer Funktionalität zu reduzieren, und vor lauter Prüfungen, Testungen und Rankings wird schon lange der Mensch nicht mehr gesehen. Und wenn, dann eher als hauptsächlich defizitbehaftetes Wesen. Leider tappen auch die meisten Eltern immer öfter in diese Funktionalitätsfalle.

Wenn Kinder zur Pflicht werden, als Job betrachtet werden, dann ist es eigentlich schon längst zu spät. Ich verurteile hier nicht prinzipiell die Eltern. Auch diese müssen ja funktionieren. Zumindest glauben sie, im Hamsterrad laufen zu müssen. Und wenn die Erwachsenen funktionieren müssen, gilt dasselbe auch für Kinder. So nimmt die Tragödie ihren Lauf. Das Resultat sind genervte und gestresste Eltern, die ihr Recht und Geschenk, für ihre Kinder da sein zu dürfen, vor allem als Pflicht oder sogar als Last empfinden. Dementsprechend sauer reagieren diese Eltern, wenn ihre Kinder es wagen, bei diesem »Ich-muss-doch-funktionieren-Theater« partout nicht mitzumachen. Folglich kommt es immer wieder zur Eskalation.

Aber Gott sei Dank gibt es die Experten, die wissen, wie Erziehung funktioniert. Nachdem sich nämlich die Erziehungswissenschaft im Laufe des 20. Jahrhunderts mühsam, aber doch etabliert und auch die Psychologie immer mehr an Bedeutung gewonnen hatte, wurde von Pädagogen und Psychologen postuliert, dass alle anderen – sprich: die Eltern – eigentlich keine Ahnung hätten und sie die Erziehung gefälligst in die Hände der Experten legen sollten. Wen wundert es denn da noch, dass wir heute tatsächlich so weit sind, dass Eltern entnervt das Handtuch werfen und den Schulen und allen anderen Bildungseinrichtungen die Erziehung überlassen wollen; frei nach der Devise: »Bitte sehr, da habt's, macht ihr das!«

Es ist ja wirklich fast schon absurd. Nachdem die Kinder durch ihre Funktionalisierung und Psychologisierung entmündigt wurden, passierte schließlich dasselbe mit den Eltern. Auch ihnen wurde und wird ihre Mündigkeit abgesprochen. Traurigerweise fügen sich viele ohnmächtig in ihr scheinbares Schicksal oder suchen hilflos bis verzweifelt bei genau denjenigen Hilfe, die ihnen die Suppe eingebrockt haben. Es wird dich sicher nicht überraschen zu hören, dass die meisten Experten kein Interesse daran haben, diesen Zustand zu ändern. Das klingt nicht gerade nach einem Ausweg, sondern eher nach einer Sackgasse beziehungsweise einem Teufelskreis.

Dieser Umstand ist auch darin begründet, dass die meisten Experten eher beratend oder diagnostizierend auftreten und im Falle von Pädagoginnen an Bildungseinrichtungen auch noch kritisierend. Verantwortung wird in den meisten Fällen jedoch nicht übernommen. Somit ist das Dilemma perfekt. Denn auch die Eltern wollen – wie bereits erläutert – häufig keine Verantwortung für ihr erzieherisches Handeln übernehmen, schließlich sind sie ja keine Experten und handeln außerdem aus ihrer Biographie heraus; das heißt, sie können für ihre Defizite, die aus ihrer Kindheit stammen, nicht wirklich verantwortlich gemacht werden. Und die Kinder sollen und wollen ja auch keine Verantwortung für ihr Handeln übernehmen. Das ist nicht im Sinne der Eltern und der Gesellschaft, die lieber funktionierende und gehorsame Kinder haben wollen.

Auch wenn meine Formulierungen bewusst provokant gewählt sind, bin ich doch davon überzeugt, dass die Gesellschaft und wir alle sehr stark in diese Richtung unterwegs sind, und dies vor allem im institutionalisierten Rahmen. Du siehst, was eigentlich gut gemeint war, ist völlig aus dem Ruder gelaufen. Und das ist genau der Grund, warum ich – genauso wie bereits Hermann Giesecke oder Jesper Juul vor mir – auch das Ende des Erziehungsbegriffes fordere, um einen wirklichen Neubeginn schaffen zu können. Es geht darum, einen möglichen Weg aus der Sackgasse zu zeigen, in der wir uns zunehmend befinden. Außerdem ist es mir wichtig, dorthin zurückzufinden, wo wir uns alle eigentlich befinden sollten: nämlich in einer Familie, die für niemanden eine unlösbare Aufgabe oder Überforderung darstellt. Eine Familie, die nicht mehr Sache von Experten ist. Eine Familie, in der uns keiner mehr erklären muss, wie sie funktioniert. Eine Familie, die keine Rezepte braucht, die ohnehin nur bestimmte Personen verstehen. Eine Familie, die unabhängig vom Alter, dem Geschlecht und dem Bildungsgrad alle glücklich machen kann. Kann das wirklich noch möglich sein? Warum nicht?

Deswegen möchte ich mich vom Erziehungsbegriff

verabschieden. Er hat zu viel an unbrauchbarem Ballast aufgenommen. Denn schon, wenn wir das Wort »Erziehung« hören, schwingt etwas Wissenschaftliches oder Kompliziertes mit; auf jeden Fall ist die Konnotation schon lange keine positive mehr. Schön langsam stellst du dir wahrscheinlich die Frage, was denn nun an die Stelle von Erziehung treten soll. Die Antwort ist ganz einfach: Beziehung.

Dort, wo an Kindern nicht mehr herum- oder in eine bestimmte Richtung gezogen wird, ist endlich Platz für ein Verhältnis, wie es schon immer hätte sein sollen. Ein Verhältnis, das geprägt ist von Achtung, Respekt, Liebe und Gleichwürdigkeit. Ein Verhältnis ohne ständige Machtkämpfe, ohne Sieger und ohne Niederlagen. Klingt das nicht schön? Ist es auch. Denn wenn Menschen sich für eine aufrichtige und echte Beziehung öffnen, gibt es auf allen Seiten nur Gewinner.

Nun stellt sich natürlich die Frage, auf welchen Säulen eine Beziehung ruhen sollte. Der wesentlichste Grundbaustein einer Beziehung zu deiner Familie besteht in der bedingungslosen Liebe. Und auch wenn die Liebe zu deinen Kindern sich von der Liebe zu deiner Partnerin oder deinem Partner unterscheidet, so gibt es doch viel mehr Gemeinsamkeiten, als man vielleicht glauben möchte. Denn egal, ob Kinder oder Partner – bedingungslos bedeutet, dass deine Liebe unerschütterlich und hingebungsvoll ist, unabhängig vom Verhalten der geliebten Person. Bedingungslose Liebe gibt es zum absoluten Nulltarif. Vergiss nie, zwischen dem Verhalten einer Person und der Person selbst zu differenzieren. Probiere es einmal aus. Sätze wie »Ich hab dich wirklich lieb, nur das, was du gerade tust, ist für mich nicht zu ertragen« machen einen riesigen Unterschied. Wird dein Kind sofort sein Verhalten ändern, nach so einem Satz? Nicht wirklich. Aber es wird mit deinen negativen Emotionen viel klarer und besser umgehen können. Und das Wichtigste: Eure Beziehung bleibt unbeschadet.

Es gibt noch eine weitere wichtige Parallele zwischen der Liebe zu deinem Partner und zu deinen Kindern. Sie sollte in jedem Fall frei von Erwartungen sein. Erwartungen sind der Quell mannigfaltigen Unglücks in allen Beziehungen. Die größten Enttäuschungen resultieren hauptsächlich aus nicht erfüllten Erwartungen. Deswegen meine Bitte: Hör bitte auf damit, irgendetwas von deiner Partnerin oder deinen Kindern zu erwarten. Das soll nicht heißen, dass du dich nicht auf sie verlassen kannst. Im Gegenteil: Schenke ihnen das Vertrauen, das sie sich durch ihre Liebe zu dir mehr als verdient haben. Du kannst dir gar nicht vorstellen, wie unglaublich schön ein Tag verlaufen kann, an dem du dir von niemandem etwas Bestimmtes erwartest, sondern nur dankbar die Geschenke deiner Umwelt annimmst.

Du wirst die Welt mit ganz anderen Augen sehen. Jegliche Enttäuschung wird verschwinden und mit ihr die zweite große Unheilbringerin, die Paranoia. Du weißt ja, wie es läuft. Sobald wir enttäuscht sind, dass ein anderer Mensch nicht das tut, was wir von ihm möchten, beziehungsweise nicht unsere Erwartungen erfüllt, beginnen wir automatisch damit, uns zu fragen, warum das denn so ist: »Räumt er seine Sachen nicht weg, weil er mich nicht respektiert?« »Kommt sie schon wieder zu spät nach Hause, weil sie mich nicht ernst nimmt?« »Hören sie mir nicht zu, weil ich unfähig bin?« Und schon gehen sie los, die Unterstellungen und Interpretationen, und das Rad des Misstrauens beginnt sich immer schneller zu drehen. Nachvollziehbar, oder? Nur weißt du genauso gut wie ich, dass so ein Verhalten rein gar nichts mit bedingungsloser Liebe zu tun hat. Denn diese liebt einfach und freut sich über das Geschenk gemeinsamer Zeit und auch körperlicher Nähe, sobald sich die Möglichkeit dazu bietet. Wichtig ist es jedenfalls zu verstehen, dass du eigentlich nichts tun musst. Lass die Liebe zu und dann übe dich lediglich in der Kunst der Zurückhaltung, im Nichtstun. Sei da für deine Lieben und schenke ihnen all die Zuneigung, die du geben kannst. Das ist es auch schon.

Bist du bereit, bedingungslose Liebe zu schenken, ergibt sich vieles von allein; wie zum Beispiel Respekt und Gleichwürdigkeit. Du weißt eigentlich ganz genau, dass wir alle, unabhängig davon, wie alt wir sind, den gleichen Respekt und die gleiche Achtung verdienen. Außerdem besitzen wir alle die gleiche unveräußerliche Menschenwürde. Und das ist mit dem Begriff der Gleichwürdigkeit gemeint, den Jesper Juul eingeführt hat. Er will damit ausdrücklich noch einmal darauf hinweisen, dass wir auch innerhalb einer Familie nie aufhören dürfen, uns der gleichen Würde aller Familienmitglieder bewusst zu sein. Du kannst eben nicht über deine Kinder verfügen, wie du möchtest, nur weil du die Macht dazu besitzt. Du kannst vielleicht aufgrund deiner Position dein Kind einsperren, weil es deine Anweisungen nicht befolgt hat, doch musst du dir klar sein, dass deine Tochter, dein Sohn dies nie und nimmer als Beweis deiner Liebe sehen werden. Dein drei Monate alter Sohn oder deine fünf Jahre alte Tochter haben dieselbe Achtung verdient wie du selbst oder jeder andere Mensch. Die Tatsache, dass sie auf dich angewiesen sind, dass du Verantwortung für gewisse Bereiche ihres Lebens übernehmen musst, ändert daran gar nichts.

Ich weiß nicht, wie es dir mit dieser Vorstellung geht. Ich finde sie jedenfalls befreiend. Es ist doch viel einfacher, keinen Unterschied machen zu müssen und zu wissen, dass wir allen Menschen auf dieser Welt gleich begegnen können. Das hat etwas Wunderschönes und Beruhigendes. Außerdem führt dieser Umstand zu äußerst positiven Konsequenzen. Achtung und Respekt sorgen automatisch dafür, dass du deinen Kindern auf Augenhöhe begegnest. Das bedeutet wiederum, dass du sie so gleichwürdig behandelst wie alle anderen Menschen und bereit bist, ihnen die größtmögliche Autonomie und Freiheit zu garantieren.

Also, wenn deine Seele nicht bereits so verwundet ist, dass du einen krankhaften Kontrollzwang entwickelt hast, sollte es dir möglich sein, dass du den erwachsenen Menschen in deiner Umgebung ihre Unabhängigkeit beziehungsweise ihren Freiraum zugestehst. Warum sollte das mit deinen Kindern anders sein? Solltest du jetzt noch einmal eine gewisse Unsicherheit empfinden, dann blättere bitte zurück und lies all die Stellen über Freiräume und Unabhängigkeit noch mal, vor allem gegen Ende des vierten und den Beginn des sechsten Kapitels. Du willst doch, dass deine Kinder zunehmend Verantwortung für ihre Handlungen und auch ihr Leben übernehmen. Dann gib ihnen auch die Möglichkeit dazu. Vergiss außerdem nicht, wie viel Zeit du dadurch gewinnst.

Während ich gerade diese Zeilen formuliere, spielen meine Kinder in ihren Zimmern und ich habe keine Ahnung, was sie gerade tun. Und versteh mich nicht falsch: Natürlich hast du als Elternteil essenzielle Aufgaben deinen Kindern gegenüber. Aber Achtung, wichtige Gespräche kommen nur unter gewissen Umständen richtig an. Kommt es zum Streit und die Lage scheint zu eskalieren, behalte immer zwei Dinge im Hinterkopf, die ich beide vom israelischen Psychologen Haim Omer habe:

- Du kannst nur eine Sache kontrollieren, und zwar dich selbst. Dafür ist die Selbstkontrolle umso wichtiger. Und:
- »Schmiede das Eisen, wenn es kalt ist!« Das bedeutet, dass es eben nicht sinnvoll ist, mitten in einer emotional aufgeladenen Situation wichtige Dinge zu besprechen oder gar zu verändern. Das gilt übrigens für uns alle. Oder hörst du auf dein Gegenüber, wenn ihr beide gerade in einem hitzigen Streit steckt?

Auch wenn es nicht immer einfach ist, zahlt es sich aus. Warte mit klärenden und wichtigen Gesprächen, bis sich alle Seiten beruhigt haben. Außerdem sollte genug Zeit zum Reden da sein oder noch besser wäre eine angenehme Atmosphäre, in der sich wirklich alle wohlfühlen.

Wenn du das schaffst, dann bist du bereits auf dem besten Weg, den dritten wesentlichen Aspekt von Beziehung nach Liebe und Respekt zu verinnerlichen. Es geht darum, Führung zu übernehmen. Aber natürlich kann diese Führung weder diktatorisch noch willkürlich funktionieren. Der berühmte Satz: »Solange du deine Füße unter meinem Tisch hast, tust du, was ich dir sage!«, ist nicht nur ein plumper Versuch, Macht zu demonstrieren, sondern er ist einfach ein Armutszeugnis und hat mit Führung rein gar nichts zu tun.

Nein, natürlich müssen die drei Säulen aus Liebe, Respekt und Führung zusammenspielen und einander bedingen. Gerade dann wird dein »Nein« zu einem wirkungsvollen Widerspruch (und wenn du es nicht zu inflationär benutzt!). Denn liebevolle, respektvolle Führung kann nämlich auf der einen Seite Verständnis signalisieren und gleichzeitig trotzdem Dinge verweigern, die du als verantwortlicher Erwachsener nicht möchtest. Du wirst nicht immer die verständnisvolle Reaktion erhalten, die du gern hättest, aber deine Kinder werden dir auf lange Sicht für deine Klarheit und Bereitschaft, Verantwortung zu übernehmen, danken.

Auch ich führe regelmäßig Diskussionen mit meinen Kindern. Wenn ich beispielsweise argumentiere, dass mein achtjähriger Sohn schlafen gehen muss, weil es meine Aufgabe als Papa ist, dafür zu sorgen, dass er sich gut entwickelt und genügend Schlaf bekommt, dann ist das nicht nur die Wahrheit, er versteht das Argument auch; selbst, wenn er dann immer noch murrt. Oder als meine vierjährige Tochter auf einen meiner Widersprüche gemeint hat, dass ich ein blöder Papa sei und wir jetzt keine Freunde mehr seien, habe ich nur erwidert: »Ich bin ja auch dein Papa und nicht dein Freund. Lieb habe ich dich trotzdem immer.« Mittlerweile ist der Spruch »blöder Papa, keine Freunde« zu einem Insidergag geworden, über den wir beide lachen können.

Was ich dir vermitteln möchte, ist, dass dein Mut zu liebevoller Führung sich mehr als bezahlt macht. Deine Kinder wissen, sie können sich auf dich verlassen und werden geliebt, egal ob ihr einer Meinung seid. Und du gewinnst die Stärke und Autorität, die dir das Gefühl geben, ein fähiger und verantwortungsbewusster Elternteil zu sein. Und die Liebe deiner Kinder erhältst du obendrein.

Etwas, das in der heutigen Zeit oft vergessen scheint, ist die Tatsache, dass ein Elternteil, der Führung übernimmt und deswegen auch widerspricht oder Dinge versagt beziehungsweise klare Vorstellungen lebt, die den Kindern in ihrem unmittelbaren, lustorientierten Dasein nicht immer gefallen, und liebevolle Unterstützung kein Widerspruch sind. Dazu fällt mir wieder Haim Omer ein, der den Spruch geprägt hat: »Du kannst auf mich zählen, musst aber mit mir rechnen.« Was er damit sagen will, ist, dass unsere Kinder, egal wie alt sie sind, unbedingt unsere Führung und Unterstützung in Form unserer Präsenz brauchen. Bleib immer an deinem Kind dran, ohne es auszuspionieren. Es reicht ja schon, über die wichtigsten Dinge Bescheid zu wissen oder wo sich dein Sohn, deine Tochter aufhalten und mit wem. Das wird dir nicht immer gefallen, aber vergiss nicht, dass auch dein Kind ein Recht hat, seinen eigenen Weg zu gehen, vor allem mit zunehmendem Alter. Es reicht, wenn du immer da bist, wenn es wichtig ist.

Einen wichtigen Aspekt von Führung habe ich noch nicht erwähnt, zumindest nicht in diesem Kapitel. Wenn du nämlich Führung übernehmen möchtest, was du ja auch unbedingt solltest, dann musst du auch bereit dafür sein, die Werte, die dir wirklich wichtig sind, vorzuleben. Wir alle wissen im Grunde, wie bedeutsam unsere Vorbildwirkung ist, trotzdem wird sie gern ignoriert. Wie kannst du von deinen Kindern erwarten, höflich und liebevoll miteinander umzugehen, wenn du es bei ihnen nicht schaffst beziehungsweise dein Umgang mit deinem Partner alles andere als liebevoll und zärtlich ist? Deine Kinder sollten sich nicht darüber wundern, dass ihre Eltern sich küssen, sondern eher über das Gegenteil.

Oder was spricht dagegen, deinen Kindern und deiner Frau täglich mindestens eine Liebeserklärung zu machen? Andersrum gefragt: Würde es dich wirklich stören, jeden Tag zu hören, wie einzigartig und wunderbar du bist und dass du geliebt wirst? Aber bitte warte nicht darauf, sonst tappst du wieder in die Erwartungsfalle samt Enttäuschung. Sei selbst die erste Person, die ihre Liebe kundtut. Und nicht wegen einer möglichen Erwiderung, sondern weil du es aufrichtig so meinst.

Lebe einfach all die Dinge, die dir wichtig sind, vor. Damit bist du nicht nur ein Vorbild, sondern du zeigst auch klar, was für dich in deinem Leben zählt. Egal, was es ist, es wird von den anderen respektiert werden. Andererseits tu bei Dingen, die dir nicht wirklich etwas bedeuten, auch nicht so, als wären sie dir so wichtig. Wenn du zum Beispiel nicht wirklich Wert darauf legst, dass alle gleichzeitig bei Tisch sitzen, dann mach auch kein Theater deswegen. Es wird dir sowieso keiner abkaufen.

Natürlich werden beide Elternteile nicht immer dieselben Prioritäten haben. Frag mal deine Kinder. Die wissen das ganz genau. Und sie haben auch kein Problem damit. Deswegen sollten du und deine Partnerin ebenso keines daraus machen. Es gibt eben gewisse Dinge, die nur Mama beziehungsweise Papa wichtig sind. Und dann gibt es Angelegenheiten, die beiden Elternteilen ein wirkliches Anliegen sind. So ist das eben. Es ist nämlich die Wahrheit, eure Wahrheit. So ist mir zum Beispiel Kommunikation besonders wichtig. Deswegen rede ich nicht nur viel mit meinen Kindern, sondern wir reden auch darüber, wie wir miteinander kommunizieren. Das führt natürlich mitunter dazu, dass es den Kindern zu viel wird, sie sich darüber beschweren oder sich sogar darüber lustig machen. Doch ich weiß, dass sie, wenn es wichtig ist, sehr viel mitgenommen haben und sehr kompetent sind in Sachen Kommunikation. Du kannst nur dann ein glaubhaftes Vorbild in Bereichen sein, die du auch authentisch verkörpern kannst. Alles andere ist nur eine Farce, bei der vielleicht die anderen in der Familie mitmachen, aber leider nicht aus den richtigen Motiven oder weil sie daran glauben. Anders gesagt: Du kannst weiterhin Familie spielen in der Hoffnung, dass das Stück nicht abgesetzt wird, oder du bist ein authentischer Teil einer Familie und gibst allen Individuen, die zu dieser Familie gehören, die Chance, ein gleichwürdiges Mitglied dieser Familie zu sein.

Also, im Prinzip sind die wesentlichen Bestandteile von Beziehung nichts Neues für dich. Es wäre nur ratsam, sie um einiges bewusster anzugehen. Das Gute dabei ist, dass wir alle wissen, was Liebe, Respekt und Führung bedeuten. Bedingungslose Liebe, ohne Erwartungen, voller Dankbarkeit harmoniert wunderbar mit Achtung und Respekt, die alle Mitglieder einer Familie gleichwürdig sehen. Zu guter Letzt liegt es dann an den Eltern, liebevolle und unterstützende Führung zu übernehmen, getragen vom vorgelebten Vorbild.

Das ist alles sicher nicht zu viel verlangt. Außerdem sind diese Beziehungsmerkmale zutiefst in unserem Menschsein verwurzelt. Das heißt, sie sind lebbar für uns alle, unabhängig vom Geschlecht, der Herkunft oder dem Bildungsgrad. So weit, so einfach. Oder doch nicht? Warum klappt es für viele dann doch nicht? Und das, obwohl sie sich wirklich Mühe geben? Wer steht deinem Familienglück denn noch im Weg?

Du kennst die Antwort: du. Du bist die einzige Person, die dir selbst im Weg stehen kann.

7

Worauf es letztendlich ankommt

Es stimmt tatsächlich. Nur du kannst dich selbst an deinem persönlichen Glück hindern. Wie heißt es so schön? Ein Team ist nur so stark wie seine einzelnen Mitglieder. Das trifft auch auf deine Familie zu. Nur wenn du bereit bist, dich selbst zu lieben und zu achten, gibst du den Menschen in deiner Familie die Möglichkeit, dasselbe zu empfinden. Das hat vor allem auch damit zu tun, dass, wenn wir uns selbst nicht als liebenswert erachten, wir widersprüchliche oder negative Signale senden. Außerdem verhalten wir uns auch so, dass es den anderen schwer gemacht wird, uns zu lieben. Wenn du zum Beispiel all jene Personen, die deine Nähe suchen, ständig zurückstößt, weil du ein negatives Selbstbild verinnerlicht hast und der Meinung bist, dass du keine Liebe verdient hast, dann werden deine Partnerin oder deine Kinder irgendwann in einer negativen Weise darauf reagieren. Entweder sie geben auf oder sie antworten mit Aggression und Verzweiflung auf ihre Frustration. Es könnte auch sein, dass sie sich ein Objekt als Ersatzbefriedigung suchen, und das könnte natürlich eine andere Person sein.

Deswegen mein dringender Appell an dich: Folge dem Rat von Veit Lindau in seinem gleichnamigen Werk und heirate dich selbst. Ziel des Buches ist es, deine Einzigartigkeit wiederzuentdecken, dich selbst schätzen zu lernen und schließlich wirklich dir selbst das Ja-Wort zu geben. Darum geht es nämlich. Beginne wieder damit, auf dich selbst und deine Bedürfnisse zu achten. Bereits vor gut 30 Jahren habe ich in meinem Tagebuch notiert, dass gesunder Egoismus die beste Voraussetzung für Nächstenliebe ist. Anders gesagt: Was hat deine Familie von dir, wenn du dich ständig verbiegst, selbst verleugnest, zurücknimmst und missachtest?

Ich weiß, es ist für viele von uns nicht so leicht, sich selbst zu mögen oder gar zu lieben. Schließlich hören wir oft in unserem Leben, dass wir nicht gut genug sind oder dass es arrogant und falsch ist, sich selbst toll zu finden oder sogar schön. Ist das nicht furchtbar? Frage zum Beispiel eine Klasse von 16-jährigen Mädchen, wer sich attraktiv findet. Da wird keine aufstehen. Ich habe es getestet. Die zwei bis drei, die sich schön finden, werden sich hüten, das auch noch öffentlich zu zeigen. Wir leben wirklich in einer eigenartigen Welt.

Dabei sind wir doch alle schön, genau so wie wir sind. Das ist mein Ernst. Es ist nur schade, dass viele Menschen ihre eigene Schönheit verstecken, nicht bemerken oder ignorieren. Falls du zu denjenigen gehörst, die sich gerne schön finden wollen, aber nicht wissen wie, dann kann ich dir helfen. Sag es dir jeden Tag mindestens drei Mal, am besten ins Gesicht. Probiere es aus. Stell dich vor einen Spiegel, am besten nackt, und sag dir: »Du bist schön, ich mag dich.« Außerdem lächle dir dabei zu. Und sag jetzt nicht sofort, dass das nur Schwachsinn ist. Natürlich wird es dir eine Zeit lang komisch vorkommen. Aber irgendwann beginnst du, dir selbst zu glauben. Schließlich funktioniert ja auch das Gegenteil auf der ganzen Welt. Die Wirklichkeit, die du dir schaffst, wird irgendwann wahr für dich. Ich verspreche dir, wenn du mindestens einen Monat durchhältst, wirst du die Veränderung bemerken. Dir wird ein völlig anderer Mensch gegenüberstehen. Und dann passiert etwas Besonderes. Deine Familie, dein Umfeld, alle Menschen, denen du begegnest, werden dich anders wahrnehmen. Und das beflügelt wiederum deine positive Selbstwahrnehmung.

Wenn du gelernt hast, dich selbst als schön und positiv zu erleben, bist du vielleicht bereit für den nächsten Schritt: die Entdeckung deines inneren Kindes. Am besten, du beobachtest und studierst eine Zeit lang deine Kinder, und zwar vorbehaltlos. Je jünger die Kinder, desto besser. Solltest du das Glück haben, Kleinkinder zu Hause zu haben, dann wirst du relativ schnell merken, dass diese kleinen Menschen äußerst faszinierende Wesen sind, von denen wir sehr viel lernen können. Was ist es nun, was Kinder können und wir oft nicht mehr? Dazu muss ich ein wenig ausholen. Der berühmte Glücksforscher Mihály Csíkszentmihályi hat den Begriff des »Flow« geprägt. Du erlebst den Flow, wenn du in einer Sache voll aufgehst, ohne Gefühl für Raum und Zeit, weil du genau angemessen herausgefordert bist und weil du etwas tust, das dir Freude bereitet. Du kennst dieses Glücksgefühl sicher. Kinder haben die Gabe, diesen Flow ständig zu erleben.

Leider treiben wir ihnen diese Fähigkeit schnell wieder aus, je älter sie werden, weil wir sie regelmäßig aus ihrem Flow zerren. Schließlich gilt es ja, wichtige Termine einzuhalten. Deswegen ist es höchste Zeit, dass wir die Verhältnisse umkehren, und die Kinder nicht aus ihrem Glück reißen, sondern uns von ihnen mitreißen lassen. Probiere es aus. Folge der Freude und suche dir eine Beschäftigung, die dich begeistert. Dann gib dir die Möglichkeit, in dieser Aktivität aufzugehen, ohne auf die Uhr sehen zu müssen oder von anderen Dingen abgelenkt zu werden. Du wirst sehen, wie viel an Lebensglück und Zufriedenheit du auf diese Weise zurückgewinnst. Und komme mir bitte nicht damit, dass du keine Zeit hast. Wir alle haben dasselbe Zeitkontingent. Der Rest ist eine Sache deiner Prioritäten. Ich bin mir sicher, du kannst manche deiner Zeitfresser einschränken, die dir erstens ohnehin keine Freude bereiten und die zweitens auch ohne dich funktionieren werden.

Die zweite Eigenschaft, die wir unbedingt von unseren Kindern wieder lernen müssen, ist der freie, unbändige Geist. Deine Kinder, meine Kinder, alle Kinder dieser Welt werden als freie, rebellische Wesen geboren. Sie wagen alles, kennen keine Vorbehalte, haben unglaubliches Durchhaltevermögen und nichts kann sie von ihrem Weg abbringen. Sie fallen hin, stehen wieder auf, fallen wieder hin und stehen wieder auf. Sie sind offen, neugierig und leben völlig im Hier und Jetzt.

Nun stellt sich die Frage, ob die große Differenz zu uns Erwachsenen aus dem Entwicklungs- und Reifungsprozess resultiert oder ob es doch eine Möglichkeit gibt, das innere Kind wiederzuentdecken. Ich glaube, die Wahrheit liegt irgendwo in der Mitte. Denn natürlich hat unsere zunehmende intellektuelle Entwicklung und Abstraktions- beziehungsweise Reflexionsfähigkeit ihre Kehrseiten auf Kosten des unbändigen, kindlichen Geistes. Auch die zunehmende Verantwortung, die wir zu tragen bereit sind, ist nicht zu unterschätzen. Trotzdem heißt das nicht, dass wir gar nichts mehr von unserem ursprünglichen Wesen bewahren können.

Am besten, wir schauen uns einmal an, wie es zu der wesentlichen Veränderung – abgesehen vom Älterwerden – kommt. Wer oder was fesselt eigentlich unseren Geist? Es sind vor allem diejenigen, die es so unheimlich gut mit uns meinen. Meist sind es die Eltern, die uns als Erste einschränken und versuchen, uns vor Augen zu führen, was alles nicht möglich ist. Dabei ist die Bandbreite dementsprechend sehr groß. Das reicht vom unterstützenden Bewahren vor wirklichen Gefahren bis zum beleidigenden Kleinmachen und Herbeireden von Unzulänglichkeiten. Deswegen muss ich an dieser Stelle natürlich unbedingt einhaken. Bitte, tu deinem Kind den Gefallen und sei nicht der erste Mensch, der versucht, ihm klarzumachen, was es alles nicht kann beziehungsweise was alles nicht möglich ist. Es passiert ja sowieso.

Spätestens in der Schule ist irgendwann Schluss mit lustig. Ich bin jetzt seit 20 Jahren Lehrer und habe mit meiner eigenen Schulzeit gut 40 Jahre Schule hinter mir. Glaube mir, ich weiß wirklich, wie es in der Schule zugeht. Und ich spreche jetzt nicht von Inhalten. Über die wird ohnehin die ganze Zeit geredet. Mir geht es um etwas anderes. Mir geht es um eine andere Katastrophe, und zwar um die, dass fast alle Personen, die ein Schulgebäude betreten, ihre Menschlichkeit abgeben. Das Lernen, der Stoff, die Prüfungen, das Funktionieren nehmen so viel Platz in unseren Köpfen ein, dass wir vergessen, dass wir alle Menschen sind. In den meisten Schulen, die ich kenne, gibt es Schüler, Lehrer, Schulwarte, aber keine Menschen. Wir Lehrer sollten uns langsam fragen, warum manche Schüler noch immer echt überrascht sind, wenn sie zufällig entdecken, dass wir tatsächlich Menschen sind.

Wobei die umgekehrte Variante ja wirklich das Fatale ist. Denn dort, wo es bereits ein eindeutiges Machtgefälle gibt, richtet die Entmenschlichung der Schüler enormen Schaden an. Es geht mir nicht darum zu behaupten, dass alle Lehrer sich weigern, ihre Schüler als Menschen zu sehen. Leider werden aber systembedingt immer wieder Prozesse in Gang gesetzt, deren Resultat das Gefühl des Nicht-gesehen-Werdens, des Nichtverstanden-Werdens und der Entmutigung ist. Schüler werden einfach immer wieder zu Objekten degradiert, die zu funktionieren haben, denn schließlich haben die Lehrer ja auch dasselbe Gefühl. Standardisierungen, Rankings und ständige Beurteilungen setzen sowohl Lehrer als auch Schüler zunehmend unter Druck. Wenn dann von den Pädagogen der Verweis auf das wirkliche Leben oder gar die Arbeitswelt kommt, in der Menschen, die nicht funktionieren, einfach gefeuert werden, dann wissen wir alle, woher der Wind weht. So gesehen ist es nur logisch, dass niemand Interesse an den Schülern hat beziehungsweise warum sie so sind, wie sie sind, wie es ihnen geht oder wer sie sind. Sie haben zu funktionieren, sich ruhig zu verhalten, nicht zu stören und gefälligst zu lernen. Schließlich müssen sie ja dankbar sein, dass man ihnen überhaupt die Chance dazu gibt. Sollten sich Jugendliche sogar noch beschweren, dann ist das ein Affront gegen das System, der nicht geduldet wird.

Du denkst, ich übertreibe? Dann zeige mir mal all die Jugendlichen, die du kennst, die sich auf die Schule freuen, und das, obwohl sie dort ihre Freunde treffen können. Das Schlimmste ist ja eigentlich, dass nicht nur die Schüler, sondern auch die Lehrer oft genauso frustriert sind. Und dann geht es los. Die Schüler zeigen ihren Unmut, ihre Frustration in ihrem Verhalten. Die Lehrer reagieren darauf und versuchen mit allen Mitteln die scheinbare Kontrolle zu erhalten. Sie erkennen nur schnell, dass das gar nicht möglich ist. Nur ein paar Hardliner helfen sich mit der alten Erpressermethode – dem Notendruck. Es sei denn, sie unterrichten Religion. Aber dann können sie zumindest noch Filme zeigen.

Wie auch immer. Das Ergebnis ist immer das gleiche. Alle am Schulleben Beteiligten werden auf ihre Funktionalität reduziert. Wer nicht mitspielt, fliegt aus dem System. Das klingt ja richtig nach lebensbejahendem Spaß, oder? Jetzt verstehst du auch, was mit den meisten Kindern in der Schule passiert: Der freie Geist, der vorbehaltlose Forscher, das unglaubliche Durchhaltevermögen, sie alle stehen auf der Abschussliste, bis das innere Kind eine weitere Kerbe in der Keule des Systems ist.

Jetzt weißt du zwar, wie du dein inneres Kind verloren hast. Die Frage, die sich nun logischerweise stellt, ist, wie kann ich es denn nun auferwecken? Eine kleine Vorübung könnte darin bestehen, dass du, wenn eines deiner Kinder dich bittet, mit ihm zu spielen, das auch wirklich tust. Und ich meine jetzt wirklich wirklich. Damit ist nicht gemeint, dass du die Lego-Figur in die Hand nimmst und eigentlich über die morgige Besprechung oder den heutigen Einkauf nachdenkst. Spiel einfach mit deiner Tochter, mit deinem Sohn. So richtig. Lass dich darauf ein. Lass dich fallen. Schau nicht auf die Uhr. Vielleicht findest du dich ja im Flow wieder. Das ist natürlich noch lange nicht alles, aber es könnte ein erster, wesentlicher Schritt sein. Und später werde ich dir darlegen, was noch nötig ist.

Es gibt aber vorher noch etwas Wichtiges zu erledigen. Und ich muss dich gleich warnen. Es tut wahrscheinlich weh. Ich spreche von Klarheit und davon, dass du, wenn du wirklich glücklich werden willst, Farbe bekennen musst. Es ist zwar anscheinend gesellschaftlich erwünscht und bequem, sich nicht festzulegen und so zu tun, als ob man nicht wüsste, was man möchte, aber der Preis, den du dafür bezahlst, ist eindeutig zu hoch. Wie kann dich denn irgendjemand für voll nehmen, wenn du selbst nicht einmal dazu bereit bist?

Du bist genau so, wie du bist. Und jeder Mensch, der dich kennenlernen darf, sollte die Chance erhalten, deinem wahren Ich zu begegnen und nicht nur einer der vielen Rollen und Fassaden die wir glauben, den ganzen Tag spielen zu müssen. Lass dir von niemandem einreden, dass du nicht du sein kannst. Herrje, ich kann mich noch erinnern, als ich meinem Sohn, der damals im Kindergartenalter war, klarmachen wollte, dass er nicht solche emotionalen Ausbrüche haben sollte. Gott sei Dank war er viel intelligenter in dieser Situation als ich und hat mit der coolsten Aussage überhaupt reagiert. Er sagte wortwörtlich: »Willst du mir meine Gefühle verbieten?« Ich bin immer noch voller Ehrfurcht und Stolz, wenn ich an dieses Erlebnis denke. Denn Max hatte vollkommen recht.

Du hast das Recht, du zu sein. Also sei so mutig wie mein Sohn, es zahlt sich aus. Zeig den Menschen, wer du bist. Es wird nicht allen gefallen, wer du bist und wofür du stehst, aber es ist so wichtig für dich. Gerade in einer Familie, in der so viele Menschen unter einem Dach zusammenleben, ist es wichtig, dass alle klar wissen, wer es ist, der hier mit ihnen wohnt. Ich komme zum Beispiel gerade von einem Streitgespräch mit meiner Chefin, die meine Werte infrage gestellt hat. Glaube mir, es war unglaublich toll zu wissen, wofür ich stehe und dass ich nicht bereit bin, mich zu verbiegen oder zu funktionieren, nur weil jemand das von mir fordert. Das Schöne ist nämlich, wenn du weißt, wofür du stehst, dann schaffst du es auch, deine Positionen in einer schwierigen Situation zu vertreten. Ich habe meine Chefin keineswegs überzeugen können, aber ich habe auch nicht klein beigegeben. Deswegen konnte ich auch mit einem guten Gefühl und erhobenen Hauptes aus der Situation gehen. Sei mutig, probiere es aus!

Dann machst du den nächsten entscheidenden Schritt für dich. Du holst dir deine Freiheit zurück. Es ist nett, sich Popcorn zu schnappen, es sich auf dem Sofa gemütlich zu machen und einen Film anzusehen, in dem eine Figur heldenhafte Dinge tut und sagt. Aber noch viel schöner ist es, der Held in deinem eigenen Film, genannt Leben, zu sein. Steh auf, hol dir deine Freiheit über dein Leben zurück. Du hast ein Recht auf ein erfülltes Leben. Das bedeutet, dass du ein Recht auf Unabhängigkeit und Freiheit hast, die Dinge zu tun, die dich wirklich erfüllen. Genauso hast du ein Recht auf Ruhe und Erholung, auf Momente des Innehaltens. Es ist dein Leben. Wie bereits gesagt, niemand steht dir im Weg, außer du selbst. Und niemand sollte dir die Möglichkeit zu Freiräumen und Pausen mehr gönnen als deine Lieben, deine Familie. Wenn du nämlich endlich Dinge tust, die dir wirklich Freude bereiten, dann erhältst du ein besonderes Geschenk: den Erfolg.

Und das ist es, was wir alle unbedingt brauchen, um glücklich zu sein. Jeder von uns sollte das Gefühl kennen, wie es ist, etwas zu schaffen, sich als fähig zu erleben. Für unsere persönliche Entwicklung ist es von enormer Bedeutung, dass wir uns als selbstwirksam erleben dürfen. Das Tolle ist, dass uns jeden Tag sehr viele Dinge gelingen, nur wissen wir sie oft nicht mehr zu schätzen. Deshalb ist es eine gute Übung, dir selbst bewusst zu machen, was du alles den ganzen Tag schaffst. Dies ist ein wichtiger Baustein für die eigene Wertschätzung. Es ist nämlich deine Chance, dich als erfolgreiches und nicht als defizitbehaftetes Wesen zu sehen. Du wirst dich wundern, wie viele Dinge dir tatsächlich gelingen, angefangen von den kleinen Handgriffen bis zu komplizierten Vorhaben und Abläufen. Gerade als Eltern vollbringen wir oft Unglaubliches. Wenn du so auf einen typischen Tag zurückblickst und was du da alles koordiniert hast, vom familiären Start in den Tag bis hin zum zu Bett Gehen aller Beteiligten, kannst du dir ruhig auf die Schulter klopfen.

Hast du diesen Perspektivenwechsel geschafft, kannst du ihn auch auf deine Familie erweitern. Du wirst sehen, welches Glück du hast, von Menschen umgeben zu sein, die so viele erstaunliche Dinge vollbringen. Aber nicht nur deine Familie, auch deine erweiterte Umwelt beweist immer wieder großartige Fähigkeiten. Du musst nur hinsehen und bereit sein, all die Wunder um dich herum wahrzunehmen. Lass dich nur nicht dazu verleiten, die Dinge, die funktionieren, als selbstverständlich zu erachten und vor allem auf jene Dinge zu achten, die nicht so ablaufen wie erwartet. Ich kenne das ja von mir selbst. Statt mich dankend darüber zu freuen, dass alle Bahnbediensteten es schaffen, den Großteil des Monats fast auf die Minute ihren Fahrplan einzuhalten, bemerke ich vor allem die paar Tage, an denen es Verspätungen gibt. Natürlich sind Abweichungen und Fehler in unserem Leben ärgerlich oder zumindest kein Anlass zur Freude. Andererseits sind sie auch eine Erinnerung daran, dass wir alle Menschen sind, und auch daran, dass meist sehr viel Aufwand dahinter steckt, dass alle Abläufe eben so funktionieren, wie sie es die meiste Zeit auch tun. Und darüber kannst du dich wirklich dankbar freuen. Denn damit gehst du verständnisvoll auf deine Mitmenschen zu und reichst ihnen deine Hand.

Schon sind wir beim nächsten wichtigen Schritt zu deinem Glück: gute und liebevolle Beziehungen. Wie wichtig dieses Thema ist, kann ich mit der weltweit am längsten laufenden psychologischen Langzeitstudie der Universität Harvard untermauern. Die Studie läuft seit 1938. Ursprünglich nahmen 724 Menschen an ihr teil. Heute sind es immerhin noch erstaunliche 60 Teilnehmer, in bereits hohem Alter. Mehr als 2000 Kinder der Teilnehmer wurden ebenso in die Studie inkludiert, wie Schulkarriere, ständige Fragebögen an die Beteiligten und ihr Umfeld sowie ihre medizinischen Daten. Außerdem wurde bei der Auswahl der Teilnehmer darauf geachtet, dass die gesamte Bandbreite von Herkunftsfamilien abgedeckt wurde. Die Auswertung der Daten hat nicht nur die Erkenntnis gebracht, dass Einsamkeit genauso tödlich sein kann wie Rauchen. Vielmehr hat die Studie gezeigt, dass positive und gute Beziehungen ein wesentlicher Schlüsselfaktor für unser persönliches Glück und unsere Gesundheit darstellen. Eigentlich wissen wir das ja alle.

Uns allen ist bewusst, dass wir Menschen erst durch wertvolle Beziehungen zu anderen Menschen glücklich werden können. Apropos, wenn es um die Beziehung zu anderen Menschen geht, kann man Jesus nicht einfach ignorieren. Denn unabhängig davon, wie du zu Religion stehst und wer Jesus für dich war und ist, gibt es keinen anderen Menschen, der eine so umfassende und nachhaltige Botschaft der Liebe hinterlassen hat wie er. Ich werde dir jetzt mit einem aktuellen Ansatz aus einer ganz anderen Ecke erläutern, warum Jesus Botschaft für uns alle so wichtig ist.

In den letzten Jahren hat sich der deutsche Neurobiologe Gerald Hüther international einen Namen gemacht, und das nicht nur auf dem Gebiet der Hirnforschung. In einem kürzlich ausgestrahlten Interview hat Hüther erklärt, dass wir uns nur dann entfalten und glücklich werden können, wenn wir von anderen als Subjekt wahrgenommen werden beziehungsweise unsere Mitmenschen als Subjekte wahrnehmen. Das bedeutet, dass wir es nicht zulassen, von anderen zum Objekt degradiert zu werden, oder niemanden als solches betrachten. Andere zu objektivieren bedeutet, ihre Menschlichkeit, ihre Einzigartigkeit zu verleugnen und sie auf ihre Funktionalität zu reduzieren. Ich habe ja bereits darauf hingewiesen, wie fatal es für eine Familie ist, wenn deren Mitglieder nur funktionieren müssen. Hüther hat in diesem Interview eben betont, dass die wirkliche Entfaltung, wirkliche Selbstverwirklichung beziehungsweise wirkliches Glück erst entstehen können, wenn wir als Menschen gesehen werden und andere wirklich als Menschen annehmen. Erst dann kann unser Hirn jene Botenstoffe aussenden, die dafür sorgen, dass wir unser Potenzial entfalten und glücklich sein können. Und eine wahre Revolution der Liebe wird – laut Hüther – erst dann stattfinden, wenn wir aufeinander zugehen und uns als Gemeinschaft begreifen. Denn erst auf dieser Ebene kann sich die Gesellschaft nachhaltig verändern.

Was, so könntest du fragen, hat das mit Jesus zu tun? Alles! Denn ohne es zu beabsichtigen, hat Hüther die Botschaft Jesu mit neurobiologischen Argumenten repliziert. Es gab vor und nach seinen Lebzeiten keinen

Menschen, der bedingungslose Liebe so kristallklar gefordert und gelebt hat wie Jesus. Keine Angst, ich will dich hier nicht bekehren oder missionieren. Ich will dir nur verdeutlichen, dass Liebe ein Erfolgsmodell ist. Wenn du bedenkst, wie kurz Jesus gewirkt hat, dann ist es schier unglaublich, dass kein anderer Mensch es geschafft hat, sich so nachhaltig in der Menschheitsgeschichte zu verewigen wie er. Und das mit einer absoluten und eindeutigen Botschaft: Liebe. Für mich war Jesus immer schon der coolste Typ, der je auf Erden gewandelt ist. Er liebte alle Menschen bedingungslos, selbst jene, die ihm nach dem Leben getrachtet haben.

Sein Liebesgebot, den Nächsten wie sich selbst zu lieben, ist ja die Krux des persönlichen Glücks. Leider wurde ein Aspekt bei diesem Gebot immer wieder vernachlässigt, und zwar der Auftrag, sich selbst zu lieben. Wenn man genau hinschaut, ist einfach schon alles da, was du, was wir alle brauchen für unser Glück: Achtung, Respekt, Vergebung, Liebe und das für uns alle. Bedingungslos. Genau das ist es. Liebe dich selbst, du hast es dir verdient. Liebe deine unmittelbaren Nächsten, liebe einfach alle Menschen. Wir alle sind liebenswert. Und da bin ich wieder bei Hüther. Mit Liebe ist einfach gemeint, bereit zu sein, alle Menschen wirklich in ihrer Einzigartigkeit als Subjekt wahrzunehmen. Denn wenn du offen, staunend in die Beziehung mit allen Menschen gehst und sie gleichzeitig nie zum Objekt degradierst, sie nicht manipulierst, dann ist das bereits ein Akt der Liebe. Anders geht es gar nicht.

Und der Mensch, dem du das vor allem schuldig bist, bist du selbst. Ich gebe dir einen Trick mit, wie ich mich an die Liebenswürdigkeit (was für ein schönes Wort) der anderen erinnere. Wenn ich in der U-Bahn sitze und mich umsehe, stelle ich mir alle anderen als Kinder vor und wie sie damals so ausgesehen haben könnten beziehungsweise wie sie vielleicht waren. Und dann denke ich daran, dass all diese Menschen noch immer dieses Kind sind, tief drinnen. Gerald Hüther nennt dieses in uns schlummernde kindliche Wesen das »Gold im Hirn«. Außerdem sagt er, dass alle Menschen, unabhängig von ihrem Alter, imstande sind, dieses Gold in ihrem Hirn wieder anzuzapfen. Also, du siehst, wir sind noch Kinder in unserer Seele, auch du. Sie warten nur darauf, deine Hand zu ergreifen.

Noch etwas, wenn du der Liebe zu dir und deinen Mitmenschen eine echte Chance gibst, wird etwas Wunderbares passieren: Die Liebe wird auch dich finden, und zwar in einer Person, die nicht nur deine Einzigartigkeit sieht, sondern die dich wiedererkennt als ihre Chance, vollkommen zu sein.

Spätestens dann bist du bereit, den nächsten Schritt zu gehen. Denn wenn du die Liebe in der Welt spürst, ist es dir möglich, Ja zu sagen. Ja zum Leben. Das klingt eigentlich sehr banal, ist es aber nicht. Wie du sicher weißt, haben wir nämlich oft genug Grund dazu zu glauben, das Leben sagt überhaupt nicht Ja zu uns, sondern stellt uns ein Bein, stößt uns von der Klippe, lässt uns in ein Loch fallen oder erschlägt uns mit aller Wucht. In diesen Momenten ist uns ganz und gar nicht nach einem euphorischen Ja, eher nach einem »geh doch, sch*** Leben«. Aber genau im Augenblick der größten Niederlage ist es an dir, dem Leben ins Auge zu sehen und Ja zu sagen. Eigentlich wissen wir es alle schon immer. Der jüdische Rabbi, der einem Neugeborenen möglichst viel Zores im Leben wünscht, genauso wie Khalil Gibran oder Gerald Hüther und noch viele andere. Sie alle wissen, dass es oft die verwundete und geschundene Seele ist, die in allen ihren Niederlagen gelernt hat, das Leben wirklich zu begreifen. Oder wie singt Alexa Feser so schön: »Wenn dich das Leben wieder niederstreckt und du liegst mit dem Gesicht im Dreck, fang an zu graben. Denn dort ist es verborgen, genau da findest du das Gold von morgen.«

Ein anderes Bild, das mir sehr geholfen hat, ist das berühmte »aufstehen, abputzen und weitergehen«. Wenn du das tust, merkst du irgendwann, dass dich das Leben zwar öfters umwerfen wird, aber dass du auch jedes Mal wieder aufstehen kannst, um weiterzumachen. Das ist ein unglaubliches Gefühl. Denn irgendwann begreifst du, dass du gewinnen wirst, egal was passiert. Und das ist der Zeitpunkt, an dem du beginnst, Dankbarkeit für alles zu empfinden. Schließlich wirst du mit jedem Wiederaufstehen weiser und erfahrener und du hast die Chance für einen wirklichen Neustart. Glaube mir, ich würde dir diese Aussagen nicht um die Ohren hauen, wenn ich es nicht selbst erlebt hätte. Und sogar, wenn du mir jetzt erzählen kannst, dass dein Schicksal noch viel härter war als meines, recherchier doch mal die Biographien von Nick Vujicic oder Oprah Winfrey. Dann wirst du hoffentlich verstehen, dass du ruhig dein Leben in Demut und voll Dankbarkeit annehmen darfst.

Außerdem hast du noch einen sehr mächtigen Verbündeten an deiner Seite, und zwar den Humor. Es gibt keine Situation im Leben, die uns nicht früher oder später auch zum Lachen bringen könnte. Humor kann sich ja ganz verschiedenartig zeigen. Er kann sogar gemein, sarkastisch und menschenverachtend sein. Aber von diesem Humor spreche ich nicht. Ich meine ein Lächeln oder Lachen, das aus Lebensfreude und Liebe geboren wird. Denn dann wird Humor zu einer Art Superpower. Dem Leben ins Gesicht zu lachen ist großartig. Und wenn du es schaffst, über dich selbst zu lachen, und zwar aufrichtig und herzhaft, wenn du zum Beispiel gerade auf die Schnauze gefallen bist, dann verwandelst du eine mögliche Niederlage in eine Herausforderung oder eine von vielen lehrreichen Erfahrungen. Was dir dabei gelingt, ist, dass du das Steuer über dein Leben in der Hand behältst. Obendrein hat das Über-sich-selbst-Lachen eine ausgesprochen befreiende Wirkung. Ich lache mich regelmäßig lautstark aus. Solltest du jetzt denken, dass das im Leben nicht so leicht funktionieren kann, weil es einfach Umstände gibt, die ein Lachen nicht zulassen, dann gebe ich dir ein Beispiel, das genau das Gegenteil beweist. Mir haben zwei Menschen aus meinem Bekanntenkreis über Familienmitglieder berichtet, die die Konzentrationslager – unter anderem Auschwitz – deshalb überstanden haben, weil Humor eine wichtige Überlebensstrategie war. Schließlich hatten die Menschen in dieser unfassbaren Situation ja nur mehr sich und ihren freien Geist; und Humor kann eben eine Form des gewaltlosen Widerstandes sein.

Deswegen nutze auch du die Macht des Lachens, und das am besten mehrmals täglich; oder wie es Gregor Meyle in einem seiner Lieder formuliert: »Der Ernst ist viel zu traurig, um ihn wirklich ernst zu nehmen.« Probiere es einfach aus. Die einfachste Übung dazu ist, die Menschen, die dir auf der Straße begegnen, anzulächeln. Du wirst sehen, das ist die beste Medizin. Und für die erwünschten Nebenwirkungen brauchst du keinen Arzt oder Apotheker.

Das nächste Mittel, das ich dir verordnen möchte, ist etwas gewagter. Deswegen werde ich es dir vorher erläutern. Wir alle wissen, was eine Paranoia ist. Die meisten Menschen verbinden mit dem Wort den Verfolgungswahn, obwohl streng genommen jede Form von Wahn damit gemeint ist. Jedenfalls kennst du sicher das Gefühl, dass sich jeder und alles gegen dich verschworen hat. Bei mir kommt noch dazu, dass ich immer wieder Dinge tue, die abseits der Norm sind und ohnehin viel Gegenwind erzeugen. Anders formuliert: Mich haben sogar schon andere auf sich anbahnende Verschwörungen gegen mich hingewiesen, obwohl ich selbst noch immer keine Ahnung davon hatte. Nur dachte ich mir irgendwann: »Mag schon sein, dass es unter meinen Mitmenschen ein paar gibt, die es nicht unbedingt gut mit mir meinen, und andere mögen vielleicht gerne Tratsch und Gerüchte verbreiten, trotzdem ist das noch keine Verschwörung.« Dieser Gedanke wurde schließlich zu einem Motto für mich: Verschwörungen finden nicht statt. Und ich sage dir, es stimmt.

Verschwörungen gibt es wirklich nur in unserer Fantasie, manchmal auch schön aufbereitet in Form eines spannenden Buches oder Filmes. Aber das war es auch schon wieder. Und selbst wenn es welche geben sollte, lebst du viel glücklicher, wenn du sie nicht wahrnimmst. Und komm mir jetzt nicht mit dem Vorwurf der Realitätsverweigerung, denn da musst du dich schon in die Schlange von Leuten einreihen, die mir das die ganze Zeit weismachen wollen und hauptsächlich damit beschäftigt sind, ihrem Unglück hinterherzurennen. Ich wollte dir aber hier den Weg zum Glück zeigen. Das heißt, wir sollten genau in die entgegengesetzte Richtung laufen. Genau das möchte ich dir an dieser Stelle vorschlagen. Also, wenn schon, dann werde zum Pronoiker.

Das Wort Pronoia, das Rob Brezsny in seinem gleichnamigen Buch benutzt, bedeutet das Gegenteil von Paranoia. Ihm liegt die These zugrunde, dass jeder und alles sich verschworen haben, um dir Gutes zu tun. Der Grundgedanke ist der, dass du immer das bekommst, was du gerade brauchst (nicht zu verwechseln mit dem, was du gerade willst). Auch wenn diese Idee im ersten Augenblick abgehoben erscheint, ist an ihr auf jeden Fall etwas dran. Wenn du dir ansiehst, wie viele Menschen und Dinge tagtäglich etwas tun, um dein Leben zu erleichtern, und wie viele Menschen es eigentlich gut mit dir meinen, dann ist das wirklich unglaublich.

Aber ich weiß schon, unsere selektive Wahrnehmung tendiert dazu, Dinge zu bemerken, die unsere Abläufe stören. Wenn dein Auto jahrelang klaglos funktioniert, wird dir das nicht so auffallen wie das eine Mal, an dem es sich plötzlich nicht starten lässt und du nicht weiter weißt. Dann kannst du nämlich im Selbstmitleid baden, Opfer sein und jammern, wie schlecht es doch die Welt mit dir meint. Es ist aber höchste Zeit, mal die Dinge auf den Kopf zu stellen und all die positiven Ereignisse um uns herum dankbar zur Kenntnis zu nehmen, vor allem bei den Personen, die dir nahestehen. Ich bin sogar so weit gegangen und habe all meine Zeitungsabos gekündigt. Denn selbst die Qualitätszeitungen leben hauptsächlich davon, negative Schlagzeilen und Berichte zu produzieren. Also verabschiede dich von unserer defizitorientierten Gesellschaft. Und, ich wiederhole mich gerne, wenn du dir schon etwas suggerierst, dann steig um auf konstruktive Gedanken.

Du musst nur genau hinsehen, dann wirst du merken, wie viel Schönes und Gutes die Welt dir bietet. Es ist schließlich dein Leben, deine Wirklichkeit. Du hast es in der Hand, deine Realität als den Nährboden deines persönlichen Glücks aufzubereiten. Der richtige Moment ist immer jetzt – der Augenblick, den du gerade erlebst. Der dänische Philosoph Søren Kierkegaard hatte schon recht, als er jenen Menschen als den unglücklichsten bezeichnet hat, der es nicht schafft, in der Gegenwart, im Hier und Jetzt, zu leben, sondern nur in der Vergangenheit oder in der Zukunft.

Du kennst sicher beide Fälle. Die einen, die ständig in der guten alten Zeit leben, hauptsächlich über die Vergangenheit reden, die Musik der damaligen Zeit verherrlichen und wissen, dass es früher auf jeden Fall schöner war. Oder die anderen, die mindestens ein halbes Jahr vorausplanen oder ständig von ihrer Zukunft träumen, die sicher besser wird. Was diese Menschen verbindet, ist ihr Glaube daran, dass ihr Jetzt nicht besonders interessant ist und ihr Leben an ihnen vorbeizieht, ohne dass sie es merken. Außerdem verstehen sie nicht, dass der wichtigste Moment jeder Augenblick ist.

Das Gute ist zu erkennen, dass es nie zu spät für einen Neubeginn ist. Hast du nämlich diese Tatsache verinnerlicht, wirst du auch bereit sein, in Dankbarkeit deine unmittelbare Gegenwart anzunehmen, um das Beste aus ihr zu machen. Das soll natürlich nicht heißen, dass du keine Pläne für deine Zukunft haben sollst. Der wichtigste Baustein für dein persönliches Glück ist nämlich deine persönliche Vision. Und die erstreckt sich natürlich auch in deine Zukunft.

Egal, ob du es hältst wie Martin Luther King und sagst: »I have a dream ...«, oder wie Simon Sinek, der in einer bemerkenswerten Rede bei einer TED-Konferenz vom »Golden Circle« spricht, oder ob du wie Veit Lindau die Frage stellst, wofür du brennst: Du brauchst eine Vision, und zwar dringend.

Sei nicht ignorant und mutlos, schließlich geht es um dein Leben, dein Glück. Wenn etwas sicher für mich ist, dann die Tatsache, dass wir alle dasselbe wollen, nämlich glücklich sein. Du hältst den Schlüssel zu deinem Glück in den Händen. Denn nur du kannst wissen, was dich wirklich erfüllt und glücklich macht. Auch wenn dir seit deiner Kindheit eingebläut wurde, dass du nicht das tun kannst, was du wirklich möchtest. Es ist endlich an der Zeit, dass du beginnst, den Schwachsinn, der dir immer wieder von außen übergestülpt wird, abzuschütteln. Du hast das Recht auf ein erfülltes Leben für dich und für deine Familie. Also verschaff dir Zeit, wenigstens 30 Minuten pro Tag, an denen du von niemandem gestört wirst. Suche einen Ort auf, der dir Kraft gibt, der dir guttut. Geh raus oder zieh dich zurück. Wichtig ist es jedenfalls, dass du die Zeit hast, nachzudenken und innezuhalten. Du musst nicht gleich meditieren, obwohl ich das nur empfehlen kann. Ich dachte zuerst auch, das wäre nichts für mich. Und wie ich mich getäuscht habe. Auch du wirst deinen persönlichen Weg finden, der für dich richtig ist, wenn du es wirklich willst. Hauptsache, du hast die Möglichkeit, dein Herz, deine Seele zu erforschen, nach all den schlummernden und versteckten Leidenschaften, die du vielleicht schon seit ewigen Zeiten dort vergraben hast.

Es ist völlig egal, wofür du brennst. Wenn es nämlich deine echte und ehrliche Vision ist, wirst du sie erkennen, sobald sie sich dir wieder offenbart hat. Und sobald sie dich dann gepackt hat, wird sie dich nie wieder loslassen, ein Leben lang. Ich habe zum Beispiel schon immer vom Schreiben geträumt. Der Unterschied zu früher besteht nun darin, dass ich sicher weiß, dass ich nicht mehr damit aufhören kann und möchte. Ich schreibe täglich und ich werde sogar weiterschreiben, falls du das hier nie zu Gesicht bekommen solltest. Denn wenn ich schreibe, habe ich den Flow, der niemals aufhört. Das Einzige, das mich manchmal bremst, ist meine Hand, die mit meinen Gedanken nicht immer Schritt halten kann. Letztendlich weiß ich aber, dass das Glück im Jetzt liegt, im Prozess oder im Weg, und nicht erst am Ende. Ich weiß, dass ich Erfolg im Leben nur dann haben kann, wenn ich jetzt demütig das Glück empfinde, den Weg zum Gipfel beschreiten zu können, egal wo er endet.

Falls du dir gerade die Frage stellst, wofür das Ganze gut sein soll, möchte ich dich noch einmal auf die ganz großen Persönlichkeiten der Geschichte verweisen. Mahatma Gandhi oder Martin Luther King waren deswegen so überzeugend, weil sie genau wussten, warum sie taten, was sie taten. Ja, du brauchst eine Vision, ein Warum. Denn wenn du eine Vorstellung davon hast, was dich wirklich bewegt, wovon du wirklich träumst, wirst du auch einen Weg dorthin finden. Doch bevor ich dir meine persönliche Vision vorstellen werde, möchte ich noch einmal auf mein Kernthema, die Familie, zurückkommen.

8

Das afrikanische Dorf

Eltern sein kann sehr verwirrend sein. Du bringst ein neues Leben hervor und lernst schnell, es bedingungslos zu lieben. Doch schon im nächsten Moment realisierst du, dass das Wesen deiner Liebe dazu bestimmt ist loszulassen. Während wir in der Beziehung zu unserem Partner danach trachten, möglichst lange beziehungsweise für immer zusammenzuleben, ist das Ziel einer erfolgreichen Beziehung zu unseren Kindern, ihnen dabei zu helfen, ohne uns zu leben. Deswegen fördern wir vom ersten Tag an den Kontakt zu den Menschen außerhalb der Kernfamilie, weil wir wissen, dass Mama und Papa oder Bruder und Schwester nicht genug sind.

Wir als Eltern brauchen Unterstützung und unsere Kinder benötigen die vielfältigen Kontakte zu möglichst vielen Menschen. Das klingt wunderbar, ist aber, wie du weißt, nicht immer so einfach umzusetzen. So wie bei allen Bereichen der Beziehung zu deinen Kindern ist es ein Balanceakt, jenes Mittelmaß an Kontakten zu finden, das uns allen guttut. Und in vielen Fällen hast du ja gar keine Wahl. Wenn zum Beispiel der Rest deiner Familie, deine Eltern oder deine Geschwister gar nicht in deiner Nähe wohnen, bist du in dieser Hinsicht eindeutig eingeschränkt. Glücklicherweise ist es deinen Kindern völlig egal, mit wem sie ihre Zeit verbringen, solange sie sich wohlfühlen. Das heißt, solltest du nicht auf einer einsamen Insel gestrandet sein, wirst du immer von Mitmenschen umgeben sein, die eine Bereicherung für deine Familie sein können, gleichgültig, ob es sich um das Pensionisten-Paar von nebenan handelt oder die Familie von gegenüber.

Welchen Ort du oder deine Kinder regelmäßig aufsuchen, er wird stets getragen von den Menschen, die dort leben oder arbeiten. Und manchmal kommen die anderen auch zu dir nach Hause. Meist sind es unsere Eltern, die uns als Erste mit ihrer Zeit und ihrer Erfahrung zur Seite stehen. Die Präsenz von Großeltern kann für jede Familie eine sehr befreiende und wohltuende Wirkung haben. Solltest du das Glück haben, dass dich ein oder mehrere Elternteile als Opa oder Oma unterstützen, weißt du genau, wie gut diese Situation für alle Beteiligten ist. Deine Kinder dürfen sich darüber freuen, alle Aufmerksamkeit und Liebe zu erhalten, die sie gerade brauchen; und das mit dem Bonus, dass alle Abläufe entspannter vonstattengehen. Meistens gibt es bei den Großeltern noch ein wenig mehr an Freiheit und anderen angenehmen Zuwendungen, denn schließlich ist das Kind ja bei den Großeltern und nicht bei den Eltern.

Ein Umstand, der auch Oma und Opa selbst wohl bewusst ist. Sie wissen genau, dass sie ein wenig mehr Energie in die Zeit mit ihren Enkeln investieren können, weil sie ja auch wieder Zeit für sich haben werden. Sie wissen außerdem, dass das Leben mit einem Augenzwinkern leichter zu bewältigen ist, anders formuliert: Sie wissen normalerweise um die Kraft des Loslassens. Und sie erkennen den besonderen Wert und das Geschenk des Zusammenseins mit ihren Enkelkindern. So weit, so ideal. Mir ist schon klar, dass es auch anders laufen kann. Ich hatte zum Beispiel keine besondere Beziehung zu meinen Großeltern, und das lag sicher nicht an mir. Trotzdem gibt es sehr viele Eltern, die ihre Kinder liebevoll unterstützen, wenn diese selbst zu Eltern werden. Meine Kinder wissen genau, was sie an ihren Omis haben (die Opas leben leider nicht mehr), und auch ich bin beiden Großmüttern unendlich dankbar für ihre Liebe und ihre Zeit.

Oft gelingt es auch mit Gleichgesinnten, sprich Eltern mit Kindern in ähnlichem Alter, ein Unterstützungsnetzwerk aufzubauen. Das können idealerweise Geschwister der Eltern sein, aber ebenso Freunde und Bekannte. Und sollte man noch niemanden kennen, bietet sich spätestens beim Eintritt in den Kindergarten die Gelegenheit, Kontakte zu knüpfen. Schließlich ist die Sache mit der Kinderbetreuung, vor allem im Kleinkindalter, ja gar nicht so unkompliziert und auch heftig umstritten.

Ich weiß, als Mann muss ich mit meinen Argumenten vorsichtig sein. Deshalb werde ich in dieser Angelegenheit nur über die Kinder sprechen. Ich bin von ganzem Herzen davon überzeugt, dass der Großteil der Kinder in ihren ersten zwei Lebensjahren eine intensive Beziehung zu einem kleinen Kreis an Bezugspersonen braucht. Eine Bindungs- oder Bezugsperson ist ein Mensch, der uneingeschränkt für das Kind da ist, und das sowohl körperlich als auch seelisch. Gleichzeitig stellt jede Bezugsperson eine Art Sicherheitsbasis dar, zu der das Kind jederzeit von seinen entwicklungsbedingten Erkundungen der Welt zurückkehren kann, um sich zu erholen und wieder sicher zu fühlen.

Auch wenn Kinder prinzipiell sehr offen sind und es eigentlich jedem Menschen möglich ist, eine Bezugsperson zu werden, ist das in der Realität naturgemäß nur einem kleinen Kreis von Personen möglich. Und das kann und könnte natürlich auch eine Elementarpädagogin im Kindergarten sein. Sie wird und kann es aber in den meisten Fällen nicht wirklich sein. Und das liegt hauptsächlich an den Rahmenbedingungen, zumindest in Österreich. Solange eine zweistellige Zahl an Kindern auf eine Pädagogin kommt, kann von entwicklungsgemäßer Zuwendung nicht ausgegangen werden. Stell dir vor, du versuchst, zu Hause für zehn Kinder unter zwei Jahren zu sorgen. Das ist eigentlich blanker Irrsinn. Da musst du schon froh sein, wenn du mit Windelwechseln, Trösten und anderen alltäglichen Tätigkeiten hinterherkommst. Quality Time sieht jedenfalls anders aus.

Deswegen bin ich davon überzeugt, dass bei Kleinkindern bis zwei Jahren in der Regel die Krippe nicht der richtige Weg ist. Schließlich gibt es ja auch die Möglichkeit, dass ein Elternteil zu Hause bleibt. Oder man sucht nach kreativen Lösungen. Eine Mischung aus Teilbeschäftigung, Unterstützung der Familie und eventuell noch einer Tagesmutter ist sicherlich eine umsetzbare Variante. Bei meiner jüngsten Tochter hat das wunderbar funktioniert. Es gab einen Mix aus Teilzeit, Tagesmutter und Betreuung durch liebe Nachbarn. So hat sie nicht nur die Zuwendung erhalten, die sie gebraucht hat. Sie konnte sich auf diese Weise auch noch an die Tatsache gewöhnen, bei anderen Menschen aufgehoben zu sein als bei ihren Eltern. Und das Schönste war, dass sie sich schon uneingeschränkt auf den Kindergarten freuen konnte, weil sie mit fast drei Jahren einfach bereit für diesen Schritt war.

Auf diese Weise wird der Kindergarten absolut zur Bereicherung und bietet den Kindern bereits die Möglichkeit, erste freundschaftliche Bande zu knüpfen. Und das geht natürlich in der Schule so weiter. Denn unabhängig von der Bildungsqualität, die eine Schule zu bieten hat, ist sie immer ein Ort für Freundschaften, die sogar ein Leben lang bestehen können. Je älter die Kinder werden, desto wichtiger sind die Gleichaltrigen in ihrer Umgebung. Das ist nach dem Kindergarteneintritt der nächste bedeutsame Akt des Loslassens. Und auch des Vertrauens.

Je mehr Zeit nämlich deine Kinder mit ihren Freunden verbringen, desto mehr an Vertrauen ist zwischen dir und deinem Kind gefragt. Darum ist es ab diesem Zeitpunkt so wichtig, dass du deinen Kindern dieses Vertrauen auch tatsächlich schenkst. Sie sind, ob du es wahrhaben willst oder nicht, wirklich in der Lage, immer öfters allein klarzukommen. Deshalb gilt für dich nun die Devise: Weniger ist mehr. Natürlich solltest du noch am Leben deiner Kinder teilhaben und dich vor allem aufrichtig für sie und ihr Tun interessieren. Aber Vertrauen, Interesse und Unterstützung sind eher das Gegenteil von Kontrolle und Überwachung.

Es ist ja wirklich zum Brüllen, wenn gerade Eltern, die es nicht lassen können, ihre Kinder bis ins Erwachsenenalter zu bevormunden, meist diejenigen sind, die sich gleichzeitig ständig darüber beschweren, dass ihre Kinder nicht selbstständig werden. Du kennst sicher das Bild von den Eltern, die ihren Kindern Flügel geben sollen. Wenn du aber deinen Kindern ihre Flügel unentwegt zurechtstutzt, darfst du dich nicht wundern, dass sie nie lernen zu fliegen.

Wie ich bereits erwähnt habe, ist gerade die spätere Kindheit und vor allem das Jugendalter keineswegs die Zeit, in der du keine innige Beziehung zu deinen Kindern haben solltest. Aber du solltest einfach bereit sein zu akzeptieren, dass dir deine Kinder anders gegenübertreten. Du wirst – so wie es Jesper Juul oft sagt – sicherlich zum Sparringspartner. Das Gute daran ist, dass du auch auf diese Weise deinem Kind hilfst, sich weiterzuentwickeln. Eigentlich kannst du ja dankbar sein, dass dir die Bekannten und Freunde deiner Kinder behilflich sind. Und auch wenn deine Tochter oder dein Sohn auf der Suche nach ihrer Identität nicht immer den höflichsten und freundlichsten Umgangston wählen werden, so ist das nur ein Beleg dafür, dass ihr euch nun auf Augenhöhe befindet.

Wenn du gerade in dieser Zeit liebevoll, aber beharrlich dranbleibst, dann wird es sich für dich lohnen. Denn dann darfst du Zeuge sein, wie dein Kind schließlich selbstbewusst und unabhängig in die Welt hinausgeht. Und eines noch: Bitte mische dich nicht in die

Wahl deiner Kinder ein, wenn es um Freundschaften oder erste Beziehung geht. Natürlich kannst du deine Meinung äußern, aber das war es auch schon wieder. Ansonsten sei einfach da. Denn wenn es etwas gibt, das dein Kind beim Erwachsenwerden braucht, dann sind es Geduld, Liebe und Unterstützung. Wenn du es schaffst, dies zu beherzigen, dann wirst du auch die Freunde deiner Kinder kennenlernen und über wichtige Dinge, die so in der Schule und anderswo passieren, Bescheid wissen.

Was jedenfalls bleibt, ist der Umstand, dass sämtliche Institutionen in der menschlichen Entwicklung eine Bereicherung darstellen. Ähnlich verhält es sich mit den Vereinen, die sich dir und deinen Kindern seit ihrer Geburt so anbieten. Angefangen von den Pfadfindern, dem Fußballverein über den Karateklub und die Ballettgruppe bis hin zum Reitstall und den Ministranten, sie alle sind Verbündete in der Sozialisation und Menschwerdung deiner Kinder. Denn unabhängig von ihrem Zweck haben alle etwas gemeinsam, das für dich und deine Kinder wertvoll ist: Sie bieten deinen Kindern wertvolle, gesundheitsfördernde und horizonterweiternde Zeit außerhalb ihrer Familie an.

Außerdem bieten sie deinen Kindern neue Rollenmodelle. Zusätzlich schulen die meisten Vereine gewisse Fähigkeiten und Fertigkeiten in den wesentlichen Entwicklungsbereichen. Nicht zu vergessen, dass sie auch jede Menge Spaß bringen. Das Einzige, das für dich und deine Kinder zu beachten ist, stellt der Umstand dar, dass der Tag nur 24 Stunden und jede Woche nur sieben Tage hat. Aber solange sich dein Kind nicht überfordert fühlt und du als Elternteil das bestätigen kannst, wird es wunderbare Erfahrungen sammeln und neue Freundschaften schließen können. So etwas kannst du getrost als Win-win-Situation verbuchen.

Wie ich dir bereits berichtet habe, bilden positive Beziehungen zu unseren Mitmenschen eine der wichtigsten Ressourcen für das, was wir als Glück bezeichnen. Lass uns deshalb noch einmal einen Blick auf unsere unmittelbare Umgebung werfen. Kommen wir zuerst zu deinen Freunden und Bekannten. Als Elternteil bekommst du ja, abgesehen von den Personen, die du schon seit deiner Kindheit oder Jugend kennst, immer wieder die Gelegenheit, neue Kontakte zu knüpfen. Schließlich bildest du in den meisten Fällen in Kindergarten oder Schule zusammen mit den anderen Eltern eine Interessensgemeinschaft. Dies kann sich in gegenseitigen Besuchen niederschlagen oder in der Betreuung der Kinder des jeweiligen anderen Pärchens bis hin zu praktischen Fahrgemeinschaften. Im besten Fall gewinnst du auf diese Weise sogar neue Freunde. Selbst wenn diese Verbindung nie über den Status einer Zweckgemeinschaft hinausgehen sollte, haben alle Beteiligten Grund, sich zu freuen.

Ähnlich kann es für deine Kinder laufen. Nur werden die Freundschaften erst mit zunehmendem Alter bedeutsamer und wichtiger für deinen Sohn oder deine Tochter werden. Trotzdem wurden viele lang anhaltenden und intensiven Freundschaften bereits in der Kindheit oder Jugend geschlossen. Erblühende Freundschaften sind in jedem Alter faszinierend. Nicht immer suchen wir uns dabei unsere Freunde aus, oft sind es die Umstände und Zufälle, die uns bereits als Kinder zusammenwürfeln. Interessant dabei ist, dass es bei Kleinkindern zuerst einmal keine Präferenz für das eigene Geschlecht gibt. Ab dem Vorschulalter ändert sich das aber zunehmend, mit dem Ergebnis, dass Kinder von sechs bis zwölf Jahren eindeutig zu gleichgeschlechtlichen Kontakten tendieren, was ihnen auch hilft, ihr eigenes geschlechtsspezifisches Rollenverhalten zu festigen. Erst mit dem Einsetzen der Pubertät wird alles wieder anders und für alle Beteiligten auf jeden Fall komplexer.

Sobald sich dein Kind auf die Erwachsenenspielwiese vorbereitet, wird es interessant, aber auch heikel. Damit meine ich, dass es nicht hilfreich ist, den Herzschmerz deines im Stich gelassenen dreizehnjährigen Sohnes nach einem Monat Beziehung mit einem müden Lächeln oder gar einem Vortrag über die Zukunft zu quittieren. Noch schlimmer geht es auch: Du könntest natürlich deinem Sohn klarmachen, dass er ja noch keine Ahnung vom Leben hat und seine Ein-Monats-Beziehung ohnehin nicht ernst zu nehmen ist.

Der Punkt ist, dass du damit nicht nur Gefahr läufst, dass sich dein Sohn zunehmend von dir abwendet, sondern du würdest auch übersehen, dass du Unrecht hast. Vergiss nie, dass wir immer in der Wirklichkeit leben, die wir selbst kreieren. Eine realere Welt gibt es nicht. Wir alle sollten uns stets daran erinnern, dass wir alle in unterschiedlichen Realitäten leben. Und niemand hat das Recht, dir deine Wirklichkeit in Abrede zu stellen.

Anders gesagt: Wenn du dich schon einmischst, dann stelle die Weltsicht deines Kindes nicht infrage, sondern versuche, sie zu verstehen, nimm Anteil an seinem Leben und sei einfach da, liebevoll und unterstützend. Denn sobald du dich wirklich aufrichtig für die Sicht deines Sohnes interessierst und ihm aufmerksam zuhörst, hast du schon viel für ihn getan. Wahrscheinlich wird er dich, wenn er merkt, dass du ihn tatsächlich verstehst, sogar um deinen Rat fragen. Egal, wie die Geschichte für deinen Sohn letztendlich ausgehen wird, ihr beide seid euch dabei wieder nähergekommen. Und das ist es, was ich auf jeden Fall als Glück im Leben bezeichne.

Außerdem wirst du, wenn du dich voll und ganz auf deinen Sohn einlässt, etwas Erstaunliches erfahren: nämlich, dass sich seine und deine Realität zu verbinden beginnen und du dich gar nicht mehr bemühen musst, ihn zu verstehen, weil es von alleine passiert. Dies führt wiederum dazu, dass du viel mehr Einblick in die Welt deines Kindes erhältst, seine Gedanken und Motive und die Wahl seiner Freunde verstehen kannst. Dann ist es sehr wahrscheinlich, dass es deinem Kind gar nichts mehr ausmacht, wenn du seine Freunde auch kennenlernst. Das wiederum bildet die Grundlage für eine gleichberechtigte und liebevolle Beziehung zu deinen Kindern, und das ein Leben lang.

Du siehst, der Kreis schließt sich. Beziehungen sind der Schlüssel. Beziehung statt Erziehung. Respekt statt Bevormundung. Von Anfang an. Denn dann musst du auch nicht so tun, als wäre auf einmal alles anders, nur weil deine Kinder erwachsen werden. Fühlen sich nämlich deine Kinder vom Tag ihrer Geburt an gleich respektiert und geachtet, dann findet auch eure gegenseitige Liebe den Platz, sich uneingeschränkt zu entfalten.

Mehr noch, sie wird sich auch auf alle Menschen ausbreiten, denen die Mitglieder deiner Familie begegnen. Manche dieser Begegnungen werden nur von kurzer Dauer sein und trotzdem wunderschön. Wenn deine Tochter zum Beispiel im Urlaub ein anderes Mädchen kennenlernt, mit dem sie sich prächtig versteht, und die beiden für ein paar magische Tage unzertrennlich scheinen, dann ist das eine Erfahrung, die nicht nur zeigt, dass wir nirgendwo allein sind. Sie ist auch ein Geschenk für deine Tochter, das sie in ihrem Dasein bereichert, was wiederum dir als Elternteil zu Herzen gehen wird. Und obendrein werdet ihr am Ende alle auf einen entspannten Urlaub zurückblicken können.

Dieses Beispiel soll dir zeigen, dass, egal wo du und deine Familie sich befinden, ihr eingebettet seid in eine Gemeinschaft, die es nur zu entdecken gilt. Gleichgültig wo oder wann, es gibt immer Menschen in deiner unmittelbaren Umgebung, die es gut mit dir meinen, selbst wenn du oder sie davon noch gar nichts wissen. Öffne deine Augen und dein Herz für die vielfältigen Momente der liebevollen Schönheit des Alltags. Richard Curtis hatte schon recht, als er 2003 Hugh Grant in seinem Film »Tatsächlich Liebe« sagen ließ, dass, wenn wir genau hinschauen, es wirklich Liebe ist, die wir überall finden können, und das nicht nur beim Wiedersehen auf dem Flughafen.

9

Mein Traum

Alle großen Persönlichkeiten, die uns in der Menschheitsgeschichte bis heute in Erinnerung geblieben sind, hatten eine große Gemeinsamkeit. Sie wussten genau, wofür sie ihre Leidenschaft einsetzten, sie wussten, wofür sie brannten. Deswegen nehme ich dich jetzt mit auf die Reise in meine Vision der Welt, so wie sie sein soll. Teile meinen Traum mit mir, indem du mich auf meinem Tag begleitest. Einiges von dem, was du jetzt lesen wirst, ist bereits Wirklichkeit, anderes noch nicht. Aber genug der Einleitung, komm einfach mit ...

5.20 Uhr ... Guten Morgen. Ich öffne meine Augen und spüre ein Bein meines Sohnes, das quer über meinem liegt, und den warmen Körper meiner Liebsten auf der anderen Seite. Vorsichtig klettere ich aus dem Bett. Ehe ich aus dem Raum schleiche, betrachte ich lächelnd meine zwei schlafenden Schönheiten und halte kurz inne, um dankbar zu sein für ein paar der vielen Geschenke, die mein Leben mir bietet. Die Sonne blinzelt indes beinahe schon ins Wohnzimmer, als ich mich auf dem Sofa zur Morgenmeditation niederlasse. Einige Augenblicke später tauche ich für zwanzig Minuten ab in meine Seele, um anschließend umso wacher und lebendiger meinen Tag zu beginnen.

Mein nächster Weg führt zur morgendlichen Dusche, die mit ihrem warmen Schauer ein wohliges Gefühl im ganzen Körper verbreitet. Danach ziehe ich mich an und mache mich komplett fertig, damit ich ein Frühstück für Celine und mich vorbereiten kann, nachdem ich sie leise und sanft mit einem Kuss geweckt habe und sie auch ins Badezimmer huscht. Wenn wir beide so weit sind, umarmen wir uns noch und genießen dann den Beginn des Tages zu zweit, manchmal mit intensiven Gesprächen, manchmal mit Lachen, manchmal still, doch immer liebevoll einander in die Augen blickend und dankbar für die schöne Zeit miteinander. Nachdem wir das Frühstück weggeräumt haben, schwärmen wir aus, um die Kinder zu wecken.

So öffne ich zum Beispiel die Tür zum Zimmer meiner Tochter, setze mich an den Rand ihres Bettes, betrachte sie für ein paar dankbare Momente und küsse sie dann zärtlich wach. Ich wünsche mir für sie, dass sie den Tag mit einem Lächeln beginnen kann, streichle sanft ihren Rücken und freue mich, wenn sie mir tatsächlich verschlafen, aber lächelnd ihre kleinen Arme entgegenstreckt, weil sie hochgenommen werden möchte. Ich wünsche ihr einen guten Morgen und frage sie, ob wir schauen sollen, was die anderen beiden so tun. Dann klammert sie sich an mich und ich genieße die Innigkeit ihrer Umarmung auf dem Weg zum Schlafzimmer, wo bereits heftig gekuschelt wird.

Ich freue mich über jede Sekunde dieses Rituals,

selbst wenn sich eine meiner schlafenden Schönheiten als Morgenmuffel entpuppt. Verschlafene Gesichter, zu Berge stehende Haare, kleine und große Menschen, die sich unterm Pyjama kratzen, ich liebe dieses Bild. Langsam kommen wir alle in die Gänge. Mir ist aber bewusst, dass die eine oder andere Gelegenheit zum Spielen nicht liegen gelassen wird. Deswegen oder wegen anderer unvorhergesehener Ereignisse habe ich ein Zeitpolster einberechnet (hast du meine Aufwachzeit gesehen?), Das wissen die Kinder natürlich nicht.

Anziehen der Kinder kann auch spielerisch ablaufen oder ganz selbstständig. So passiert es sogar, dass Max, der Große, sich von Celine mittels Anziehquiz über die alten Ägypter motivieren lässt, während Hanni, die Kleine, sich ganz allein anzieht. Das gibt mir wiederum Zeit, die Jausen der Kinder herzurichten. Selbst wenn es doch zur Kleidungskrise bei Hannah kommt, weil die Hose oder die Strumpfhose drückt oder zwickt, hilft das bewusste Wahrnehmen der Situation (»Sie ist erst vier Jahre alt, es ist noch genug Zeit, du wirst dich noch dankbar an diese gemeinsamen Momente erinnern«), sich in Gelassenheit zu üben. Irgendwann treffen sich doch alle im Knotenpunkt Badezimmer zum Haare bürsten, stylen und Zähne putzen. Manchmal geht das gut gelaunt oder sogar lachend, ein anderes Mal grummelig oder schreiend und tobend.

Wie auch immer, wir wissen letztendlich alle, dass wir zusammengehören und einander lieben. Und wir sagen uns das. Vorher nur noch schnell in Schuhe und Jacken schlüpfen und ab zum Auto. Spätestens bei der Schule oder dem Kindergarten gibt es die herbeigesehnte Umarmung samt Kuss und einem »Ich hab dich lieb« auf allen Seiten. Ich liebe einfach meine Familie und jeder Moment ist kostbar.

8.30 Uhr ... Hallo, da bist du ja wieder. Ich bin gerade unterwegs zu meiner Wirkungsstätte. Ich sage schon lange nicht mehr Arbeit dazu. Das war noch nie ein schönes Wort. Ich genieße die Luft, beobachte die Welt auf meinem Weg. Vielleicht gelingt es mir, nicht nur die Sonne dazu zu bringen, mich anzulächeln, sondern auch die Menschen, die mir entgegenkommen. In der U-Bahn wünsche ich allen Menschen in meinem Blickfeld ein glückliches Leben voll Frieden und Liebe. (Nein, ich habe inzwischen keine verbotenen Substanzen zu mir genommen.) Mir ist dabei vollkommen klar, dass ich das nicht nur für die anderen, sondern vor allem für mich selbst tue. Besonders sind immer jene Momente, in denen ich mit Kindern Blickkontakt habe. Nicht nur, weil sie mich wirklich ansehen, nein, weil sie es mit einem offenen Herzen tun. Wunderschön.

Okay, wir sind jetzt da. Kommst du mit? Egal, ob zu Hause oder an anderen Plätzen, an denen ich viel meiner wertvollen Lebenszeit verbringe, möchte ich den Kontakt zum Tageslicht nicht verlieren. Deswegen gibt es an diesem Ort viel Glas und große Fensterflächen. Du wirst dich vielleicht fragen, was ich hier eigentlich tue. Ich bringe den Menschen ihr Glück und ihre Liebe zurück. Das beginnt in diesem Gebäude. Egal, wo du hinkommst, wem du begegnest, du wirst keine Mühe haben, ein aufrichtiges Lächeln oder ein freundliches Gesicht zu erblicken. Nicht alle diese Menschen arbeiten mit mir, aber einige. Die, die mit mir zusammenarbeiten, verfolgen dasselbe oder ein ähnliches Ziel wie ich. Und so haben wir uns auch gefunden.

Andere nutzen nur die Räume. Trotzdem unterstützen wir uns alle gegenseitig. Kinder sind hier immer willkommen. Es gibt für sie eigene Räume, die nur für sie und ihre Bedürfnisse gestaltet wurden. Und ihre Eltern wechseln einander ab, mit ihnen Zeit zu verbringen oder ihren Tätigkeiten nachzugehen. Generell geht es mir in dem Team, mit dem ich arbeite, vor allem um Lebensqualität. Grundsätzlich können Mitarbeiter selbst entscheiden, ob sie ihre Projekte lieber von zu Hause oder hier aus erledigen möchten. Wir legen alle Wert auf Qualität unserer Leistung. Nicht jeder von uns hat denselben Rhythmus oder dasselbe Tempo. Dem versuchen wir Rechnung zu tragen. Außerdem steht allen im Team Zeit zur Verfügung, eigenen Ideen und Visionen nachzugehen. Uns alle verbindet ein freundschaftliches und herzliches Miteinander, das bei den meisten über die berufliche Verbindung hinausgeht.

Wir haben ein gemeinsames Ziel. In unserer Arbeit sind aber fast alle selbstständig in ihrem Bereich. Trotzdem wissen wir, dass wir gemeinsam viel mehr erreichen können. Deswegen treffen wir uns mehrmals die Woche, um gemeinsame Projekte, Vorhaben und Anliegen zu besprechen und zu koordinieren. Ich habe mittlerweile einen Assistenten, der mir hilft, Termine zu koordinieren, Anrufe zu führen und Veranstaltungen zu organisieren. Ich nehme mir täglich Zeit, am nächsten Buch zu schreiben. Ansonsten halte ich Vorträge, Keynotes oder leite Seminare oder ich arbeite an meinem Online-Business. Doch egal, was ich gerade tue, bin ich unendlich dankbar dafür, meinen Traum leben zu dürfen und ihn mit wunderbaren Menschen teilen zu können. Ich freue mich schon jetzt auf die nächste Herausforderung, die auf mich wartet.

10.30 Uhr ... Was nun auf dem Programm steht, ist etwas, das mir wirklich Spaß bereitet: Wir drehen ein neues Video für einen neuen Online-Kurs. Ich kann mich noch gut erinnern, wie ich das alles allein bewerkstelligt habe. Dafür waren die Ergebnisse gar nicht so übel. Der entscheidende Unterschied besteht darin, dass ich nun eingebettet in ein Team agieren kann, und uns allen ist klar, dass, wenn wir jeder für sich unsere Stärken ausspielen können, das Endergebnis, also unsere Co-Kreation, unglaublich wird. Es ist einfach unheimlich schön, Familien, Paaren oder Einzelpersonen dabei zu helfen, ihr Glück, ihre Liebe zu sich oder zum Leben wiederzufinden. Und nachdem unser Familienkurs so gut angekommen ist, widmen wir uns nun den Zweierbeziehungen, die ja den Ursprung und Kern einer jeden Familie bilden. Bei den Dreharbeiten lachen wir sehr viel, und obwohl es natürlich ein Drehbuch gibt, improvisieren wir immer wieder. Wir freuen uns schon jetzt auf den fertigen Kurs. Denn auch wenn wir in erster Linie anderen helfen wollen, testen wir unsere Programme auch an uns selbst, um zu sehen, ob sie funktionieren, und um uns selbst weiterzuentwickeln.

13.10 Uhr ... Jetzt muss ich mich aber sputen. In 30 Minuten habe ich meinen ersten TED-Talk in Linz. Wirklich aufregend. Das Thema kennst du bereits aus diesem Buch: »Beziehung statt Erziehung«. Für mich ist das Ende der Erziehung ein Herzensanliegen, deswegen bin ich wirklich geehrt und aufgeregt, dass ich diese Gelegenheit bekommen habe, über dieses Thema zu sprechen. Du wirst sicher schon bemerkt haben, dass, wenn du etwas als deine Leidenschaft empfindest, es überhaupt nicht schwierig ist, darüber zu reden. So könnte ich sicher zehn Stunden referieren. Leider habe ich nur 18 Minuten, und das ist gar nicht so einfach. Schließlich muss ich das Thema in dieser kurzen Zeit genau auf den Punkt bringen. Das ist der Grund, warum eine einstündige Keynote einfacher zu halten ist als ein TED-Talk. Drück mir die Daumen!

15.55 Uhr … Wow, das war Adrenalin pur und gleichzeitig wie heimzukommen. Wenn du in deinem Element bist, tust du Dinge, die dir selbstverständlich erscheinen, und erst wenn dich andere fragen, wie du das fertigbringst, wird dir klar, dass andere das ganz anders empfinden. Vor ein paar Jahren war diese Rede einfach ein Traum. Dass sie jetzt zu meiner Wirklichkeit werden durfte, ist kein Wunder und auch kein Zufall, sondern einfach eine weitere Station auf meinem Weg, den ich Tag für Tag mit Freude gehe. Und was ich kann, gilt genauso für dich. Setz dich einfach in Bewegung. Außerdem ist die Reise nie zu Ende. Denn bei diesem Event hatte ich auch noch die Gelegenheit, auf Ali Mahlodji und Gerald Hüther zu treffen, um mit ihnen über eine weitere Herzensangelegenheit zu sprechen: Schule. Oder vielmehr ihr Ende, um Platz zu machen für ganz Neues. Meine Vision ist nicht nur, Erziehung zu beenden, sondern konsequenterweise auch Schule. Denn wenn Erziehung als schiefes Machtverhältnis von Eltern zu den Kindern nie funktionieren wird, so gilt das noch mehr für das Schulsystem, das offiziell weltweit in der Krise steckt. Alle Beteiligten sind sich nämlich längst einig, dass wir mit den Methoden der Vergangenheit keine Wegbereiter für die Zukunft sein können. Nur ist noch nicht klar, was an die Stelle des alten Systems treten soll. Wie du siehst, gibt es noch viel zu tun. Oder anders formuliert: Jetzt geht die Reise erst richtig los!

17.15 Uhr ... Ich habe gerade mit meinem Verlag telefoniert und ein Meeting für morgen vereinbart. Es geht um mein neues Buch. Spannende Sache. Ich genieße die warme Sonne in meinem Gesicht. Ich bin gerade auf dem Weg nach Hause. Unterwegs gibt es so viel zu sehen und zu bestaunen. Ich hole die Kinder noch schnell von ihrer Tante ab und zu dritt machen wir uns auf den Heimweg. Dort wartet bereits Celine, das Herz unserer Familie, auf uns. Wir alle freuen uns, endlich Zeit füreinander zu haben. Zeit zum gemeinsamen Spielen, Lachen und ausgelassen Sein. Schließlich bereiten wir gemeinsam mit den Kindern das Abendessen zu. Mehr als eine Stunde später gibt es bereits Lieblingsserie, Pyjamas und Zähneputzen. Dann kommt etwas, auf das ich mich immer besonders freue: Zu-Bett-Gehen der Kinder mit Kuscheln und Gute-Nacht-Geschichte. Mittlerweile schaffen wir es auch, so aufmerksam zu sein und gemeinsam darüber nachzudenken, wofür wir dankbar sind.

Spätestens um *21 Uhr* schlafen Max und Hannah und es kehrt Ruhe ein. Heute möchte ich noch meine erwachsene Tochter Klara anrufen, damit wir einen Termin ausmachen können, um uns zum Essen zu treffen.

Anschließend freuen Celine und ich uns auf die Zeit zu zweit. Wir beide wissen um die Bedeutung unserer gemeinsamen Momente. Deswegen werfen wir uns nicht nur ständig Liebeserklärungen an den Kopf, wir erzählen uns auch täglich gegenseitig, was uns glücklich macht, und meist hat es mit uns zu tun. Auch hier darf die Dankbarkeit als Ritual nicht zu kurz kommen. Der Rest ist pure Liebe.

Warum ich dir das erzähle? Kannst du dich noch erinnern, wie ich dir gleich zu Beginn des Buches von meiner Familie aus meiner Kindheit erzählt habe? Auch ich lebe in einer Familienkonstellation, die die meisten im Moment der Familiengründung als nicht erstrebenswert betrachten würden. Meine älteste Tochter hat nie bei mir gelebt, ich lernte sie sogar erst kennen, als sie acht Jahre alt war. Ich hatte nie das Sorgerecht für Klara und musste froh sein, wenn wir uns am Wochenende gesehen haben. Es war schmerzlich zu realisieren, dass Klara nie diese selbstverständliche Bindung zu mir haben würde wie zu ihrer Mutter. Und ich machte mir oft dafür Vorwürfe. Die Beziehung zur Mutter meiner anderen beiden Kinder ging nach über zehn Jahren in die Brüche. Ich bin geschieden und Max und Hannah wechseln regelmäßig ihr Zuhause.

Doch das, was ich über meine Herkunftsfamilie gesagt habe, gilt noch mehr für meine eigene. Ich würde allen Menschen auf dieser Welt eine Familie wie meine wünschen. Klara und ich zum Beispiel haben immer das Beste aus unserer Situation gemacht. Wir wissen, dass wir einander lieben und immer füreinander da sind, wenn einer von uns das möchte. Die Liebe zu den eigenen Kindern ist etwas ganz Besonderes und Wunderbares. Am glücklichsten machen mich Momente, wie wenn ich Max frage, ob er weiß, dass er großartig ist und er ohne zu zögern mit »Ja, sicher!« antwortet.

Jede Begegnung mit anderen Menschen trägt den Keim von etwas Großem in sich. Dafür bin ich unendlich dankbar. Angefangen von einem Lächeln eines Unbekannten über die Umarmung deines Kindes bis hin zu dem unglaublichen Moment, in dem dir deine Seelenverwandte gegenübersteht. Eine Heimat für mein Herz zu finden, war sicherlich immer ein Kern dessen, was man als Sinn meines Lebens bezeichnen kann. Darum kennt meine Dankbarkeit auch keine Grenzen, dass ich in Celine nicht nur diese Liebe gefunden habe, sondern gleichzeitig die Freundschaft zum liebevollsten Menschen, der mir je begegnet ist.

Schließlich gibt es da noch jemanden, dem ich ebenso viel an Liebe geben möchte, und das bin ich selbst. Hören wir endlich damit auf, uns selbst klein oder schlecht zu machen. Wir alle haben das Recht auf ein erfülltes Leben. Und ja, wir alle sind es wert, geliebt zu werden, vor allem von uns selbst. Also lies das jetzt laut: »Ich liebe mich.« Erst wenn du begreifst, wie liebenswert du bist, kannst du sie annehmen: die Liebe deiner Eltern, deiner Geschwister, deiner Kinder, deines Partners, deiner Partnerin, deiner Freunde und Freundinnen und all deiner Mitmenschen.

Die gute Nachricht lautet nämlich: Du bist der Schlüssel zu deinem Glück und dem Glück deiner Familie. Du bist gut genug. Du kannst sie ruhig zulassen, die Liebe, die aus deinem Herzen drängt, und die Liebe, die zur gleichen Zeit an dein Herz klopft und um Einlass bittet. Den besten Platz dafür bietet Familie samt all ihrer Unwägbarkeiten, Katastrophen, Besonderheiten und Naturgewalt.

10

Anleitung fürs Familienpuzzle

Es war an einem Weihnachten in meiner Kindheit. Unter dem Christbaum fanden sich nicht nur persönliche Geschenke für jedes von uns Kindern, es gab zusätzlich noch ein Präsent für die gesamte Familie: ein 1000-Teile-Puzzle vom Schloss Neuschwanstein in Bayern. Wir machten uns noch am Heiligen Abend ans Werk. Das Puzzle fand seinen Platz mitten auf dem Wohnzimmertisch und dort blieb es bis zu seiner Fertigstellung liegen. Zuerst bauten wir alle gleichzeitig, was auch immer wieder zu Rangeleien oder Diskussionen führte. Nach und nach gab es alle möglichen Konstellationen und Gruppierungen. Auch was die Verweildauer betraf, fand sich alles von der Mini-Session bis zum Puzzle-Marathon. Und das Wichtigste dabei war, dass wir alle beseelt waren, das Gemeinschaftsprojekt voranzutreiben.

Du kannst dir sicher schon vorstellen, worauf ich hinaus möchte. Familie ist eine Co-Kreation aller Mitglieder. Wie sie letztendlich aussieht, ist die Sache der Betreffenden. Nimm meine Familie her. Wie ich dir bereits beschrieben habe, sind weder meine Herkunftsfamilie noch meine eigenen Entwürfe aus dem Bilderbuch. Gleichzeitig haben sie mir die wunderbarsten Erfahrungen beschert, die ich mir vorstellen kann. Außerdem wird es immer Menschen geben, die es besser wissen, die deine Vorstellungen nicht teilen. Aber wenn du bemerkst, dass andere Menschen neidisch sind auf das, was du hast, dann bist du wahrscheinlich auf dem richtigen Weg.

Um dir bei deinem eigenen Bild von Familie zu helfen, möchte ich in diesem Kapitel noch einmal zusammenfassen, was ich für besonders wichtig erachte, damit ein liebevolles Miteinander in einer Familie gelingen kann. Lass uns damit beginnen, dich daran zu erinnern, *dass jede Familie irgendwann katastrophale Zustände und Erschütterungen erlebt.* Auch wenn wir alle gerne Harmonie und Frieden erleben, *geht es in Familien viel mehr um Entwicklung*, und die läuft häufig nicht sehr harmonisch ab. Deswegen sei realistisch in deinen Erwartungen und freue dich gleichzeitig, dass das wahre Abenteuer erst nach dem klassischen Happy End beginnt.

Noch besser wäre es für alle Beteiligten, wenn du es schaffst, erst gar *keine Erwartungen* aufzubauen. Angesichts der vielen widersprüchlichen Vorstellungen, die Menschen in sich tragen, wenn es um das Thema »Familie« geht, kann man sich nämlich nur wünschen, dass wir alle *lernen loszulassen.* Du kannst deinen Zukunftsängsten am besten begegnen, indem du die *Fehler*, vor allem deine eigenen, *zulässt.* Würzt du das Ganze noch mit einer ordentlichen Prise *Humor*, dann bist du bereits auf einem guten Weg.

Ein weiterer wesentlicher Baustein für ein glückliches Familienleben bildet die Art und Weise, wie alle Mitglieder derselben einander begegnen. *Gleichwürdigkeit ist* dabei *der Schlüssel.* Wenn allen Personen, die mit dir unter einem Dach leben, die gleiche Menschenwürde zugesprochen wird und auch alle dementsprechend handeln, dann ergibt sich vieles von selbst. *Es ist außerdem weder nötig noch möglich, andere bzw. deine Kinder zu kontrollieren.* Du hast schon genug damit zu tun, dich selbst zu kontrollieren. In diesem Sinne möchte ich dich erneut erinnern, dass *Strafen* nicht nur *sinnlos* sind, sondern sogar die *Beziehung zu deinen Kindern nur nachhaltig schädigen können.* In vielen Situationen gibt es ohnehin *natürliche Folgen, die lehrreich sind.* Außerdem kannst du gemeinsam mit deinen Kindern Verhaltenskonsequenzen vereinbaren, die sie auch nachvollziehen können.

Viel wichtiger als mögliche Sanktionen sind *Freiräume*, und zwar *für alle.* Sowohl Kinder als auch Eltern brauchen dringend ihren eigenen *Raum*, ihre *Zeit*, um *sich zu entfalten* und sich um die eigene Entwicklung kümmern zu können. Das gilt eben nicht nur für deine Kinder, sondern genauso für dich. Möglicherweise könnt ihr das Ganze sogar gleichzeitig arrangieren. Somit schaffst du eine Situation, über die sich alle freuen. Wenn wir schon über Freiheit sprechen, lass uns gleich das Thema Pluralität in der Familie angehen. Wenn alle Familienmitglieder die gleiche Würde haben und allen ihre persönliche Freiheit zugesprochen wird, ist es logisch, dass *jedem Familienmitglied ein eigener Standpunkt zusteht.* Das gilt auch für die Eltern. Du und dein Partner könnt ruhig *unterschiedliche Zugänge* zu gewissen Themen haben und diese auch zeigen. Deine Kinder kennen sie sowieso schon längst.

Viel entscheidender ist nämlich die *Qualität der Bindung zu deinen Kindern* und die *Präsenz als Vater und Mutter.* Schließlich sind Mütter und Väter gleich wichtig, solange sie ihren eigenen, authentischen Zugang finden können. Das wiederum beinhaltet ebenso unterschiedliche Perspektiven. Letztendlich leben wir alle in unserer eigenen Wirklichkeit, die sich nie völlig mit der eines anderen Individuums decken kann. Doch *solange wir unserem Herzen treu bleiben* und nicht versuchen, blind Prinzipien zu folgen, gibt es immer einen Weg, der für alle gut sein kann. Sich selbst treu sein kann man wiederum nur, *wenn man Farbe bekennt* und sich zeigt, wie man ist. Hab keine Angst davor, deine eigene Unsicherheit zu zeigen oder Fehler zu begehen. Uns allen geht es genau gleich. Deine Kinder profitieren wesentlich mehr davon, *dich so zu erfahren, wie du wirklich bist,* als von einer perfekten Maske, mit der du nicht nur deine Kinder betrügst, sondern auch dich selbst.

Vergiss nicht, dass Gehorsam für keinen Menschen, egal welchen Alters, je eine Handlungskategorie sein sollte. *An erster Stelle* sollte für uns alle *das eigene Denken, unsere Eigenverantwortung* stehen. Selbst wenn dies dazu führt, dass wir uns entschließen, nicht das zu tun, was andere von uns erwarten. Nur auf diese Weise können deine Kinder verantwortungsbewusste und mitfühlende Menschen werden. Denk daran, wenn du dich das nächste Mal ärgerst, dass deine Kinder gerade nicht funktionieren wollen. Denn wenn es um unsere *Menschenwürde* geht, darf es *keine Ausnahmen* geben. Niemand sollte wissentlich manipuliert oder konditioniert werden, nur weil sich gewisse Abläufe dann einfacher gestalten.

Hast du eine Trennung oder Ähnliches erlebt, dann *erkenne die Chance, die in allen Brüchen liegt.* Ein Neustart ist immer möglich. Im Bewusstsein, dass jede Familie als Entwicklungsort immer wieder vor großen Herausforderungen stehen wird, empfange diese Möglichkeit mit möglichst offenen Armen. Alle Familien und all ihre Mitglieder verändern sich stetig und *jeder Bruch bzw. Umbruch bietet gleichzeitig Gutes und Neues.* So können Trennungen sehr wohl positive Aspekte für Kinder haben. Meistens stoßen neue Erwachsene als Bereicherung zur Familie und können oft ihre Rollen als *Bonuseltern* sehr gut annehmen. Außerdem bietet sich für Männer die *Möglichkeit, sich als Vater endgültig zu emanzipieren.* Und letztendlich führt eine Scheidung allen Beteiligten vor Augen, *welches Geschenk die gemeinsam verbrachte Zeit darstellt.* Apropos Geschenk: Unsere *Kinder* sind immer der *Schlüssel zu unserem eigenen inneren Kind* und zu unserem Herzen. Nutze die Möglichkeit, dich durch deine Kinder zurückzuversetzen in deine eigene Kindheit, um deinen freien Geist wieder entfesseln zu können.

Welche Grundzutaten braucht nun eine liebevolle Familie?

- das Gefühl von Behaglichkeit und eine Atmosphäre zum Wohlfühlen

- Sicherheit für alle
- Fairness und Gerechtigkeit
- die Möglichkeit, positive Vorbilder zu erleben
- genügend Freiraum und Unabhängigkeit
- bedingungslose Liebe und Unterstützung
- Authentizität der Erwachsenen
- Gleichwürdigkeit als Boden für den Selbstwert

Personen, die dir helfen können, diese Bestandteile zu etablieren, sind zweifelsohne Geschwister; und zwar sowohl deine als auch die deiner Kinder. *Geschwister* aus deiner Herkunftsfamilie können dir *helfen* zu *verstehen*, *wer du bist* und warum du bist, wie du bist. Sich der Beziehung zu den eigenen Geschwistern zu stellen ist deswegen ein wichtiger Mosaikstein, um das Bild von dir selbst abzurunden. Obendrein können Geschwister auch als Erwachsene eine *großartige Unterstützung oder Ansprechstation* sein, die uns immer das Gefühl von *Sicherheit* vermittelt, dass immer jemand für uns da ist.

Deine Geschwisterkinder wiederum zeigen dir, dass *Konflikte* nicht nur Normalität bedeuten, sondern *einen bedeutenden Teil unserer Entwicklung*. Durch Geschwister können deine Kinder ihre *sozialen Fähigkeiten erhöhen* und lernen, selbst Dinge in die Hand zu nehmen. Und letztendlich gilt auch für deine Kinder der Umstand, dass Brüder und Schwestern das wichtige Gefühl von Sicherheit und *Geborgenheit* geben, das ihnen hilft, *mutig in die Welt* zu *gehen*.

Auch für dich als Elternteil stellt das Miteinander einen wesentlichen Aspekt des Familienlebens dar.

Versuche das Motto »*Beziehung statt Erziehung*« als Grundstein für ein liebevolles Zusammenleben zu verinnerlichen. Du, dein Partner und deine Kinder, ihr besitzt alle die *gleiche Würde*. Jedes Mitglied einer Familie verdient *dieselbe Achtung, denselben Respekt*. Das heißt, eure Beziehung ist getragen von einer bedingungslosen Liebe, frei von allen Erwartungen. Einzig wenn es um *liebevolle Führung und Präsenz* geht, im Sinne einer *Vorbildfunktion*, würde ich von den Eltern schon einen größeren Beitrag erwarten.

Um diese Vorbildrolle nicht exklusiv ausfüllen zu müssen, gibt es glücklicherweise *Kontakt zu anderen* Menschen. Diese helfen dir in doppelter Hinsicht. Durch die Abwesenheit der Eltern werden deine Kinder in ihrer *Eigenständigkeit gefördert*, gleichzeitig wirst du wesentlich entlastet. Alle *Eltern brauchen Unterstützung*. Das Gute dabei ist, dass prinzipiell alle Menschen dafür infrage kommen. Und passen für alle die Rahmenbedingungen, dann ergibt sich für alle in deiner Familie eine *Win-win-Situation*. Für deine Kinder wiederum sind Gemeinschaften, Clubs und Vereine außerhalb der Familie ein idealer *Nährboden, auf dem Freundschaften gedeihen* können. Menschen umgeben uns überall. Wenn du als Elternteil mutig genug bist, *um Hilfe* zu *fragen*, wirst du vielleicht erstaunt sein, wie viele Mitmenschen dir gerne und bereitwillig helfen wollen und somit zu deinem Familienglück beitragen wollen.

Letztendlich aber liegt die *Verantwortung für unser persönliches Glück in unseren eigenen Händen*. Menschen, die andere mit einem Mangel an Liebe und Respekt gegenübertreten, tun dies hauptsächlich deswegen, weil sie es nicht schaffen, sich selbst genug zu achten und zu lieben.

Doch wie schaffe ich es nun, mir selbst mit Liebe zu begegnen?

Der erste Schritt besteht darin, *mit dir selbst Frieden zu schließen*, damit du die Liebe zu dir selbst wieder entfachen kannst. Die gute Nachricht lautet dabei: So, wie wir gelernt haben, uns geringzuschätzen, so *können wir auch lernen, uns wieder zu achten und zu lieben*. Es sind immer nur *kleine Schritte* nötig, die dann insgesamt *das große Glück* hervorbringen können.

Deswegen beginnst du am besten gleich damit, *Gewohnheiten der Selbstliebe* zu etablieren. Die erste ist die in Kapitel 6 beschriebene *Spiegelarbeit*. Als Nächstes kannst du mithilfe deiner eigenen Kinder *dein inneres Kind wiederentdecken*. Dies wird dich wiederum dazu ermutigen, *deinen freien Geist* wiederzufinden und zu *entfesseln*. Beobachtest du dich dabei aufmerksam, wirst du deine *Selbstwirksamkeit wiederentdecken*. Und aus dieser gestärkten Position heraus bist du auch bereit, den wichtigsten Schritt zu wagen, nämlich auf andere Menschen zuzugehen. *Dienen* ist dabei sicher eine Schlüsselhandlung. Denn auf diese Weise wirst du erkennen, dass *alle Menschen* tatsächlich *liebenswert* sind. Daraus kann wiederum ein *grundsätzliches Ja zum Leben* entstehen, das dich rüstet, dein Leben zu meistern.

So bist du dann bereit anzuerkennen, dass sich niemand gegen dich verschwört, sondern dass genau das Gegenteil der Fall ist: *Das Leben verbündet sich* mit allem und jedem *für dich.* Du brauchst dem Guten nur zu folgen. *Folgst du endlich der Freude*, bist du bereit für die Meisterschaft: *deine persönliche Vision.*

Wir alle brauchen Visionen von einem Leben, das dem entspricht, was wir als *Flow*, als *Erfüllung*, als unsere *Leidenschaft* empfinden. Denn du veränderst dich ständig. Selbst wenn du das Gefühl hast, dein Leben stagniert, findet eine Bewegung statt, die eine Spannung in dir auslöst. Du kannst jetzt entscheiden, ob diese Veränderung einer *Entwicklung* entspricht, also einer *Erhebung auf die nächste Stufe in deinem Dasein* oder nicht.

Das ist aber noch nicht alles. Wenn du es nämlich schaffst, *mit deinem Partner oder deiner Partnerin* eine Vision oder zumindest einen erheblichen Teil deiner Vision gemeinschaftlich *co-zu-kreieren*, dann ist das vielleicht bedeutender und sinnstiftender für deine Beziehung als alle Hochzeitsgelübde zusammen. Außerdem macht es wirklich *Spaß,* an gemeinsamen Zielen und Wünschen zu basteln. Du könntest sogar deine Kinder einbeziehen. Erschafft ein gemeinsames *Visionboard*, für das alle ihren Beitrag leisten dürfen, mit Fotos oder auch gemalten Bildern, für eine schönere, gemeinsame Zukunft. Somit sind wir wieder beim Familienpuzzle angelangt, das du und deine Lieben erschaffen können. Sei offen für alles, lass alles an Ideen zu. Und du wirst sehen: Das, was dann kommt, wird dich tatsächlich überraschen.

Gutes Gelingen!

Danksagung

Ein herzliches Dankeschön an das tolle Team von Goldegg, allen voran Verena Minoggio-Weixlbaumer, die mein Debüt als Buchautor möglich gemacht hat. Ein großes Danke geht auch an Veit Lindau, der mir dabei geholfen hat, meine Bestimmung zu leben. Außerdem möchte ich mich bei Ines Berger bedanken, die mich seit langem auf meinem Weg begleitet.

Natürlich gilt mein Dank auch allen, die meine Vision einer Welt des Miteinander mittragen.

Dann geht mein Dank an meine Eltern und Geschwister, die immer für mich da sind und mir zur Seite stehen. Nicht zu vergessen Klara, Hannah und Max, die mir jeden Tag dabei helfen, ein besserer Vater zu sein.

Und mein größter Dank gilt meiner Partnerin Céline, der liebevollsten Person, die ich kenne und die mehr an mich glaubt als ich selbst.

Verwendete und weiterführende Literatur

Bergmann, Wolfgang. Warum unsere Kinder ein Glück sind. 3. Aufl. Weinheim und Basel: Beltz, 2009.

Giesecke, Hermann. Das Ende der Erziehung. Stuttgart: Klett-Cotta, 1996.

Lindau, Veit. Heirate dich selbst. 3. Aufl. München: Kailash, 2013.

Juul, Jesper. Dein kompetentes Kind. 5. Aufl. Reinbeck: Rowohlt, 2011.

Juul, Jesper. Mann & Vater sein. 6. Aufl. Freiburg: Kreuz, 2014.

Juul, Jesper. Die kompetente Familie. Weinheim und Basel: Beltz, 2013.

Juul, Jesper. Das Familienhaus. Weinheim und Basel: Beltz, 2015.

Juul, Jesper. Leitwölfe sein. 6. Aufl. Weinheim: Beltz, 2016.

Omer, Haim und Arist von Schlippe. Stärke statt Macht. Göttingen: Vandenhoeck & Ruprecht. 2010.

Omer, Haim und Arist von Schlippe. Autorität durch Beziehung. 7. Aufl. Göttingen: Vandenhoeck & Ruprecht. 2013.

Rosenberg, Marshall B. Gewaltfreie Kommunikation. 5.Aufl. Paderborn: Junfermann. 2004.

Saalfrank, Katharina. Du bist ok, so wie du bist. München: Gräfe und Unzer. 2020
Schmitz, Margot und Michael Schmitz. Seelenfraß. Wien: Ueberreuter. 2005.
Tsabary, Shefali. The Awakened Family. New York: Penguin. 2016.